Vietnam Street Food

KULINARISCHE REISESKIZZEN AUS HANOI UND VIETNAM

HÄDECKE

Vietnam Street Food

KULINARISCHE REISESKIZZEN AUS HANOI UND VIETNAM

Authentische Rezepte und Insider-Tipps

Tom Vandenberghe
Fotos: Luk Thys

CAT B TONG
0912724448
KH C B TONG
0906121177
KH C B TONG
0943.146.999
KH CAT BE TONG
0915502835

INHALT

VORWORT

»Zusammengehörigkeit, Verbundenheit mit Familie, Freunden und Bekannten, Volk und Land vereint zu einem großen Ganzen. Wie lässt sich dieses Gefühl besser begreifen als bei einer gemeinsamen Mahlzeit?«

Seit der Öffnung des kommunistischen Regimes nach Westen pulsiert Vietnams Wirtschaft wieder. Gemüse in allen Farben und aromatische Kräuter lassen den Rundgang über die quirligen Märkte zu einem grandiosen Erlebnis werden. Der angeborene Geschäftssinn der Einheimischen gewinnt langsam wieder die Oberhand und macht den Reiz des Markttrubels aus. Vietnams Gesellschaft ist im Umbruch, sie strotzt nur so vor Energie. Neue Chancen werden mit beiden Händen – und mit Respekt vor den tiefverwurzelten Traditionen und Werten des Konfuzianismus – ergriffen.

Um zu erklären, was die vietnamesische Küche genau ausmacht, ist sicher eine Unterscheidung nach einzelnen Regionen sinnvoll. Regionale Küchen werden – wie meistens – durch ihre geografische Lage, durch Klima und Kultur bestimmt.

Die Küche des Nordens ist stark von der chinesischen Küche beeinflusst und geschmacklich eher klar. Eingelegtes Gemüse und getrockneter Fisch gehören in kälteren Jahreszeiten zu jeder Mahlzeit. Die Vietnamesen aus dem Norden verwenden weniger Gewürze als ihre Landsleute im Süden. Dafür würzen sie großzügig mit frischen Kräutern wie Basilikum, Shiso (Schwarznessel), Koriander und Dill.

Der tropische Süden bietet eine größere Produktvielfalt und zeichnet sich durch eine opulente Küche aus. Es sind Einflüsse der indischen Küche spürbar und die Gerichte schmecken oft süßer. Das äußerst fruchtbare Mekong-Delta im Süden versorgt Vietnam mit einer großen Fülle an tropischen Früchten – selbst Kokosnüsse gibt es hier. Der Süden gilt gemeinhin als Reiskammer des Landes. Menschen aus dem Norden finden die südvietnamesische Küche häufig zu überladen, während den Südvietnamesen die Küche des Nordens zu fade schmeckt. In der Mitte des Landes begegnen wir der feinen »königlichen« Küche von Hue.

Drei Dinge prägen den unverwechselbaren Charakter der vietnamesischen Küche: Reis in jeglicher Form, Fischsauce als Geschmacksträger und eine Fülle an frischen Kräutern, welche die spezielle Note der Gerichte unterstreichen und sie verfeinern. China als großer Bruder, Indien als Gewürzlieferant, Japan und Frankreich als Ideengeber für Zubereitungsmethoden – vielleicht kann man hier zu Recht von echter »Fusion-Küche« sprechen. Auf subtile Weise gelingt es dabei, eine Balance zwischen Aromen, Textur und Dekoration der Speisen zu finden.

BUDDHISMUS, KONFUZIANISMUS UND SOZIALISMUS

90 Prozent der Vietnamesen sind Buddhisten. Schon von alters her wird die Religion stark durch das Nachbarland China beeinflusst. Es existiert kein reiner Buddhismus, sondern eine Mischform aus Taoismus und Konfuzianismus.

Mit der Familie als Urzelle der Gesellschaft ist das Elternhaus üblicherweise der Ort, an dem man zum Essen zusammenkommt. Die Küche spielt eine wichtige Rolle. Der Küchengott *Ong Tao* gilt als Beschützer und vertrauter Freund beim Essen am heimatlichen Herd. Täglich genießen etwa 100 Millionen Vietnamesen die gesunden und ausgewogenen Gerichte, die meist aus herrlich duftendem Reis, knackig frischem Gemüse, Kräutern, Fisch, Fleisch oder Tofu bestehen.

Ein Kühlschrank gehört heute zur Küchenausstattung, ist aber nicht zwingend erforderlich. Die Frische der Zutaten ist in der vietnamesischen Küche von derart zentraler Bedeutung, dass es auch ohne ihn funktioniert. Oftmals geht die Hausfrau zweimal am Tag zum Markt. Gemüse und Kräuter kommen direkt von dort – oder von einem der vielen Straßenverkäufer – und werden sofort gewaschen, fein gehackt, verarbeitet und in delikate Speisen verwandelt. Große Warenhäuser sind erst langsam auf dem Vormarsch und für die meisten vietnamesischen Familien noch ziemlich unbekannt. Auf den Märkten begegnet man dem wahren Vietnam: schwer arbeitende Menschen, die gern plaudern oder einen Tratsch halten, lachen, verhandeln und verkaufen – und das jeweils mit dem ihnen angeborenen Temperament.

Als Vorratskammer und Lieferant von zahlreichen Haushalten, Restaurants und Garküchen auf der Straße spielt also der Markt eine zentrale Rolle im täglichen Leben der Bevölkerung. Neben Gemeindehaus und Tempel ist er ein Treffpunkt mit stark sozialem Charakter. Hier werden die neuesten Nachrichten ausgetauscht. Daneben existiert in Vietnam eine ausgesprochen lebendige Kaffeehauskultur, die zum großen Zusammengehörigkeitsgefühl beiträgt. Dieser Gemeinschaftssinn ist typisch für die vietnamesische Bevölkerung. Viele Leute sprechen sich mit Bruder, Schwester, Onkel oder Tante an …

Nicht nur in der Geborgenheit der häuslichen Küche, sondern auch auf der Straße genießen Millionen Menschen jeden Tag ihr Essen, das direkt vor ihren Augen zubereitet wird. Noch bevor die Sonne aufgegangen ist, wird am Rand der Märkte in abseits gelegenen Gassen und auf den Gehwegen gekocht. Diese oftmals improvisiert wirkenden Garküchen sind Teil der vietnamesischen Kultur und Identität. Jeden Tag zieht eine Heerschar von Garküchenbetreibern durch die Straßen, um jede Nachbarschaft oder jedes Viertel mit traditionellen Gerichten zu versorgen. Das kann eine Tasse heiße Nudelsuppe sein oder ein knusprig gebackenes Brötchen mit Pastete – Street Food ist ein unentbehrlicher Bestandteil des vietnamesischen Lebens und seiner Gastronomie.

ÜBER DEN AUTOR

Nach zwei Jahren intensiver Arbeit am Ausbau meines Kochstudios Eetavontour und an der Entwicklung zahlreicher neuer Catering-Event-Konzepte sowie der Veröffentlichung von *Thai Street Food*, meinem Kochbuch mit Rezepten aus den thailändischen Garküchen, suchte ich nach einer neuen Herausforderung.

Die Leitung eines Unternehmens verlangt derart Energie von einem, dass man manchmal das Wesentliche aus den Augen verliert. Ich beschloss, mich zeitlich einer neuen Aufgabe zu widmen, meinen kulinarischen Horizont zu erweitern und mich weiter mit der asiatischen Esskultur zu beschäftigen.

Einige Jahre zuvor hatte ich kulinarische Rundreisen durch Südostasien organisiert, unter anderem durch Vietnam. Wegen Zeitmangels hatte ich diese Touren leider aufgeben müssen. Die Schlichtheit und das Organisationstalent der vietnamesischen Bevölkerung hatten sich jedoch in meiner Erinnerung festgesetzt.

Ich nahm die kulinarische Spur wieder auf und tauchte mit dem Food-Fotografen Luk Thys ein in die Straßenküche Vietnams. Die Zeit war reif für eine Fortsetzung des vor einiger Zeit veröffentlichten und prämierten Koch- und Reisebuches *Thai Street Food – Kulinarische Reiseskizzen aus Bangkok und Thailand*.

Mein großartiges Team von Eetavontuur – den lieben langen Tag müssen diese fantastischen Menschen mit meinen seltsamen Exzessen und Ideen umgehen – sorgte dafür, dass ich mir Zeit nehmen konnte, um mich voll und ganz auf eine der besten Küchen der Welt zu konzentrieren und weiter meiner Leidenschaft für Street Food zu frönen.

ÜBER DIESES BUCH

Freunde fragten mich, warum ich ein Buch über Hanoi und nicht über Ho-Chi-Minh-Stadt (das ehemalige Saigon) schriebe. Ho-Chi-Minh-Stadt ist eine offenere und reichere Stadt und hat kulinarisch viel mehr zu bieten. Selbst das Street Food ist dort weitaus vielfältiger.

Abgesehen davon, dass ich mich seit meinem ersten Besuch in die charmante und charaktervolle Stadt Hanoi und ihre Bewohner verliebt habe, hat meine Wahl noch andere Gründe. Hanoi ist die Hauptstadt Vietnams, die Wiege des Königreichs *Dai Viet*, und feierte im letzten Jahr ihr tausendjähriges Bestehen. Ihre Küche ist viel älter und authentischer als die des Südens. Außerdem stammt das vietnamesische Nationalgericht **Phô Bò** aus Hanoi. Wie man es auch dreht und wendet: Hanoi ist in der Tat das wahre Vietnam.

Die Stadt wird wegen ihrer reichen kolonialen Vergangenheit und ihres Stilgefühls häufig als das Paris Asiens bezeichnet. Die zahlreichen Seen in Hanoi schaffen eine Stimmung von Ruhe und Ausgeglichenheit, was einem nur in wenigen Metropolen des Ostens begegnet. Kurzum, Hanoi macht einen melancholisch und weckt das Verlangen nach längst vergangenen Zeiten. Das Gefühl überfällt einen unvermittelt, berührt und beruhigt zugleich.

Das Buch soll einen Einblick in die Street-Food-Kultur von Hanoi und Vietnam geben. Mir lag viel daran, bestimmte Gerichte auch dem Hobbykoch zu Hause oder dem Touristen vor Ort zugänglich zu machen. Das Buch wäre unvollständig, wenn es nur die nordvietnamesische Küche behandeln würde. Viele Gerichte Südvietnams finden sich auch in Hanoi, und umgekehrt. Darum habe ich einige typische Gerichte aus den Garküchen ganz Vietnams mit aufgenommen und auch einige Zubereitungsarten erklärt, die weniger typisch für Gerichte aus den Garküchen sind.

Street Food unterliegt ständiger Veränderung. Garküchen werden heute hier aufgebaut, morgen stehen sie bereits wieder irgendwo anders. Manche sind nur eine zeitweise Erscheinung im Straßenbild. Neue Garküchen tauchen auf, andere verschwinden ... Die in diesem Buch zusammengestellten Lokale und Garküchen bestehen allesamt schon viele Jahre und ich bin sicher, dass ihnen noch ein langes Leben beschert sein wird.

Nach vielen Hanoi-Besuchen und zahlreichen Rundreisen durch Vietnam kann ich behaupten, einen guten Einblick in die Kultur der vietnamesischen Straßenküche gewonnen zu haben. Das gesamte Speiseangebot ist natürlich weit umfangreicher als in diesem Buch beschrieben. Wir hoffen, dass dieses Kochbuch Ihnen ein Begleiter sein wird auf einer unvergesslichen kulinarischen Entdeckungsreise und Ihnen die spannende (Street-Food-) Kultur ein Stück näherbringt.

ERKENNEN UND EINTEILEN

Das wichtigste Utensil der Garküche ist wahrscheinlich der *Don Ganh*. Der Bambusstock mit zwei Weidenkörben dient dazu, die Einkäufe und das Kochgeschirr zu transportieren und von Straßenecke zu Straßenecke zu pendeln. Vietnamesische Garküchenbesitzer tragen ihre gesamte Küche, mitsamt zwei Stühlen, in zwei Körben mit sich herum. In der Hocke bereiten sie im Handumdrehen herrliche Nudelgerichte und süße Desserts zu. Genauso schnell, wie sie alles aufgebaut haben, bauen sie ihre Stände wieder ab, wenn unvermittelt eine Polizeikontrolle auftaucht.
Als Tourist fallen einem die kleinen Garküchen in der Geschäftigkeit der vollen Straßen nicht immer sofort auf. Die Verkäufer lassen sich an Straßenecken, auf Bürgersteigen, unter einer Straßenlaterne an einer Kreuzung oder in kleinen Seitengassen nieder. Es braucht schon ein wenig Erfahrung, um die richtigen Gerichte zu entdecken. Neben den mobilen Garküchen gibt es eine riesige Auswahl an fest installierten Garküchen in Türöffnungen, offenen Fenstern, Garagentoren, am Rande der Märkte oder in einfachen Lokalen in Straßen, die nur aus Garküchen bestehen. Mühelos gelingt es den Köchen der kleinen Garküchen, selbst auf allerkleinstem Raum meisterhafte Gerichte zu zaubern. Wie kein anderes Volk sind die Vietnamesen wendig, effektiv, erfindungsreich und kreativ. Garküchen sind häufig sehr einfach. Sie bestehen oftmals nur aus einem Holzkohlengrill, einer kleinen Vitrine und ein paar niedrigen Plastikhockern. Kochen und Dämpfen sind auf der Straße beliebte Zubereitungsmethoden. Nudeln kommen ins Wasser, große Töpfe mit dampfender Brühe und Dampfkörbe aus Metall werden auf dem Bürgersteig oder in einfachen Garküchen aufgestellt. Der Wok wird auf der Straße mehr zum Frittieren als zum Rührbraten eingesetzt. Auch Grillen mit Holzkohle ist eine gängige Kochtechnik. Der Betreiber einer Garküche kann nicht viel Kochausrüstung tragen und hat kaum Platz zur Verfügung. Deshalb bereitet er einen Großteil der Gerichte bereits zu Hause oder »hinter den Kulissen« vor.

Vietnamesen essen überwiegend mit Stäbchen aus einer Suppenschale. Die Stäbchen liegen quer über den Schalen. Sie sollten sie niemals aufrecht hineinstellen, denn das wird als Hinweis auf das Verbrennen von Weihrauch und den Tod aufgefasst. *Schlürfen gilt nicht als unhöflich* und Abfall, Servietten, Schalen und Muscheln von Meeresfrüchten landen häufig einfach auf dem Boden oder im eigenen Mülleimer unter dem Tisch.

Der vietnamesische Koch hat nur wenige einfache, aber sehr multifunktionale Arbeitsutensilien. Lange Essstäbchen werden zum Kochen und zum Belegen von Brötchen verwendet. Im Metallkorb werden die Nudeln in kochendes Wasser getaucht. Ein Sieb wird benutzt, um Kräuter zu waschen und um Speisen zuzudecken und zu schützen. Die Schere ist ein geschätztes Arbeitsgerät, kann man mit ihr doch Nudeln in mundgerechte Stücke oder getrocknetes Fleisch in Streifen schneiden. Und natürlich besitzt der vietnamesische Koch ein Set rasierklingenscharfer Messer.

Neben den Kochutensilien ist die Stimme ein wichtiger Trumpf beim Verkauf der Street-Food-Gerichte. Der Verkäufer lockt seine Kunden an, indem er leise den Namen des Gerichts singt oder mit einem Glöckchen oder einem Stock ein typisches Geräusch macht, um seine frisch zubereiteten Speisen anzupreisen.

Dank des französischen Jesuiten Alexandre De Rhodes (1591–1660) sind wir heute in der Lage, die vietnamesische Schrift zu entziffern. De Rhodes entwickelte das vietnamesische Schriftsystem *Quoc Ngu*. Die bis dahin auf chinesischen Zeichen basierende Schrift *Chu Nom* übertrug er in eine lateinische Umschrift mit zahlreichen Akzenten und diakritischen Zeichen, welche die Betonung im Vietnamesischen wiedergeben.

Es ist nicht einfach, die vietnamesische Sprache zu erlernen, aber aufgrund der heute verwendeten Schrift sind wir in der Lage, bestimmte Aushängeschilder und die Gerichte der Garküchen an der Aufschrift zu erkennen.

Wir haben in diesem Buch zur besseren Zuordnung der Gerichte bei den Rezeptnamen die vietnamesische Schreibweise gewählt und das angebotene Street Food in verschiedene Gruppen bzw. Kategorien eingeteilt: **Nudeln (Bún, Phở, Miến, Mi)**, **Mehlspeisen, Brot** und **fast alles aus Teig (Bánh)**, **Salate, Rollen** und **Päckchen (Nộm, Gỏi, Nem, Cuốn)**, **Reis (Cơm)**, **Fisch** und **Meeresfrüchte (Hải Sản)**, **Süße Genüsse (Đồ Ngọt)**, **Dips, Saucen** und **Öle** sowie **Getränke**.

EINE REIHE TYPISCH VIETNAMESISCHER REZEPTE SIND IM TEXT **FETT** GEDRUCKT. REZEPTE ZU DIESEN GERICHTEN FINDEN SIE IM BUCH.

REZEPTE & IHRE ZUBEREITUNG

NUDELN (Bún, Phở, Miến, Mi)

Die am häufigsten servierte Nudelsorte in Hanoi ist zweifelsohne *Bun* oder Reis-Vermicelli. Diese dünne runde Nudel ist etwa 30 cm lang und wird für Suppen, Salate und andere Speisen verwendet. Große Mengen klebriger Nudeln warten darauf, in kochendes Wasser getaucht zu werden. Oder sie werden in Stücke geschnitten und kalt in Gerichten wie **Bun Cha** oder **Bun Dau** serviert.

Die nudelähnliche *Pho* ist etwas aus der Art geschlagen. Das Wort Pho bezieht sich vielmehr auf den Teig (*Banh Pho*), der zur Herstellung der Nudel verwendet wird, als auf die Nudel selbst. Derselbe Reisteig wird auch für die frischen Frühlingsrollen (**Pho Cuon,** Seite 144) verwendet und für **Pho Chien Phong Bo Xao** zu einer knusprig leichten Reispapierbeilage frittiert. Zum Vergleich: Wenn *Bun* Spaghetti wären, dann wären *Pho* eher Tagliatelle.

Mien ist eine häufig zu findende Nudel, die nicht aus Reis gemacht wird, sondern aus Maniok (siehe Seite 138). Diese hauchdünne, hellbraune Verwandte der Glasnudeln wird sowohl in Suppen als auch in Salaten verwendet. Auch Glasnudeln werden in Vietnam angeboten. Sie sind aus Mungbohnen gemacht.

Schließlich gibt es noch *Mi* oder Eiernudeln, die wir aus der chinesischen Küche kennen. Sie werden vielfach in pfannengerührten Gerichten verwendet. Derselbe Teig ist auch die Basis für *Wonton*.

REZEPTE

MEHLSPEISEN, BROT UND (FAST) ALLES AUS TEIG (Bánh)

Es ist nicht einfach, für das Vietnamesische *Banh* eine passende deutsche Übersetzung zu finden. Es gibt bei uns dafür keine Entsprechung.
Gebackenes oder Gebratenes trifft es wahrscheinlich noch am ehesten, aber genauso gut kann *Banh* auch ein Brötchen oder ein Sandwich bezeichnen, oder sogar einen gedämpften Reisteig oder einen Pfannkuchen.
Im Allgemeinen können Sie davon ausgehen, dass *Banh* mit Mehl zubereitet wird, egal, ob nun mit Reismehl, Weizenmehl, Maniokmehl oder Klebreis. *Banh* wird meist gedämpft, gekocht oder gebraten, es kann sowohl herzhaft, süß oder salzig schmecken.

REZEPTE

SALATE, ROLLEN UND PÄCKCHEN (Nộm, Gỏi, Nem, Cuốn)

Vietnamesische Salate bestehen aus knackfrischem Gemüse mit Fleisch, Huhn, Garnelen oder Fisch. Ein frisches Dressing wird dazu gereicht oder darüber geträufelt. Die Salate werden kalt oder warm serviert, wobei auf Dekoration und Textur großer Wert gelegt wird. Salate gehören zum täglichen Essen eines Vietnamesen.
In Vietnam sind Salate mehr als eine Mischung aus verschiedenen Blattsalaten und einem Dressing:
Nom besteht aus fein geraspelten Gemüse- oder Obstsorten und einem sauren Dressing, meist auf Essig- oder Limettenbasis mit Zucker. Die Köche mischen Fleisch oder Fisch unter den Salat und würzen ihn mit frischen Kräutern.
Mit dem Wort *Goi* ist auch Salat gemeint, ebenso mit dem Wort *salad*.
Cuon sind Päckchen oder Rollen. Sie kommen mit einem Dressing auf den Tisch, das für eine wahre Geschmacksexplosion sorgt. Ein gutes Beispiel sind etwa die vietnamesischen Frühlingsrollen. Deren Geschmack ist erst perfekt, wenn sie, eingewickelt in ein Salatblatt und garniert mit frischen Kräutern, in **Nuoc Cham** getunkt werden.
Egal, ob die Zutaten nun in Salatblätter oder Reispapier gewickelt oder einfach als Salat serviert werden, sehr wichtig sind die Textur und der ausgewogene Geschmack der Speisen.
Garniert mit gerösteten Erdnüssen und/oder Sesamsamen und abgeschmeckt mit frittierten Lauch- und/oder Schalottenringen, wird daraus ein Fest für die Geschmacksnerven.

REZEPTE

REIS (Cơm)

In Vietnam dreht sich alles um den Reis. Er bildet die Grundlage des Lebens und der vietnamesischen Küche. Ein Drittel der 100 Millionen Einwohner hat direkt oder indirekt mit dem Anbau und Handel von Reis zu tun. Vietnam gehört heute zu den größten Reis exportierenden Ländern der Welt. Ein Besuch in der Gebirgsregion Sapa oder eine Fahrt durch das Mekong-Delta geben einen guten Eindruck vom Umfang des vietnamesischen Reisanbaus. Der Anbau von Reis ist eine arbeitsintensive Beschäftigung. Es gilt deshalb als respektlos und unschicklich, nach Beendigung der Mahlzeit Reisreste in der Schüssel zu lassen.

Reis in seiner natürlichen Form ist eine Getreidesorte und steht im Mittelpunkt jedes vietnamesischen Essens. Reis wird zu Mehl verarbeitet (für den Teig von Reisnudeln oder Reispapier) oder auch zu Reisschnaps oder Ricepops.

Klebreis gibt es in verschiedenen Farben. Er wird gedämpft als Küchlein oder gegrillt in Salaten angeboten. Die grüne junge Sorte wird pur und nicht gegart gegessen, sie wird wegen ihrer frischen und herrlichen Würze sehr geschätzt.

Für die vietnamesische Hausfrau ist der Reiseinkauf auf dem Markt eine verantwortungsvolle Aufgabe. Duft, Struktur, Alter und Aussehen sind wichtige Kaufkriterien. *Com Binh Dan* oder *Com Rang* sind einfache Buffetrestaurants und eine recht neue Entdeckung in der Street-Food-Gastronomie. Es sind kleine Esslokale, in denen der Reis zusammen mit einer Auswahl an fertig zubereiteten Speisen auf den Tisch kommt. Die Gerichte – pfannengerührt oder frittiert, Suppen und Salate – werden häufig in Aluschalen serviert. Diese Restaurants findet man auf jedem Markt, aber sie sind auch im Straßenbild sehr präsent. Zu einer Mahlzeit in einem *Com Binh Dan* gehört immer eine klare Suppe (*Canh Rau*), die eigentlich als Getränk zum Essen gedacht ist. Mit der Suppe wird die Suppenschale gesäubert und ausgespült. In Hanoi wird im Winter meist eine kräftige Hühnersuppe angeboten, im Sommer bevorzugt man eine leichte Gemüsesuppe. Heutzutage sind außerdem Pepsi, Coke und andere Erfrischungsgetränke erhältlich. Es gibt eine edlere Version von *Com Binh Dan* namens *Com Van Phong*. Das heißt wörtlich übersetzt »Reis für Büroangestellte«. Diese Buffetrestaurants sind nicht auf Märkten anzutreffen, es handelt sich dabei meist um klimatisierte Esslokale.

REZEPTE

FISCH UND MEERESFRÜCHTE (Hải Sản)

In einem Land mit einer Küstenlinie von mehr als 3 000 Kilometern, durchzogen von unendlich vielen Flüssen, mit zwei riesigen Flussdeltas, stehen Fisch und Meeresfrüchte selbstverständlich auf jeder Speisekarte. Das Meer liefert zusammen mit den Reisterrassen die Grundlage der vietnamesischen Küche. Und ohne Meer gäbe es auch keine Fischsauce *Nuoc Mam*.

Für uns ist der tägliche Genuss von Fisch oder Garnelen ein Luxus, in Vietnam ist das eine naheliegende Speisewahl. In Restaurants stehen häufig große Wasserbassins, in denen lebende Fische und Schaltiere gehalten werden. Von dort kommen sie dann über die Küche direkt auf den Teller. Frischer geht es nicht!

Die Küstenstädte Danang, Nha Trang und Mhu Ne besitzen eine eindrucksvolle Fischereiflotte, die bestimmt aus über tausend blauen Booten besteht. Täglich fahren sie aufs Meer hinaus und beliefern die Märkte mit Tonnen an frischem Fisch. Auch die unzähligen Flüsse versorgen die Vietnamesen mit einer Fülle an Fischen und Schaltieren.

Fische und Meeresfrüchte erfordern nicht viel Zubereitungszeit und sind sowohl gegart als auch gegrillt äußerst schmackhaft. Mit einem typischen Dip und einigen frischen Kräutern entfalten sie ihren Geschmack am besten. Der vietnamesische Koch weiß daraus einen wahren Gaumenschmaus zu bereiten. Häufig verwendete Zutaten sind Zitronengras und verschiedene Ingwersorten.

REZEPTE

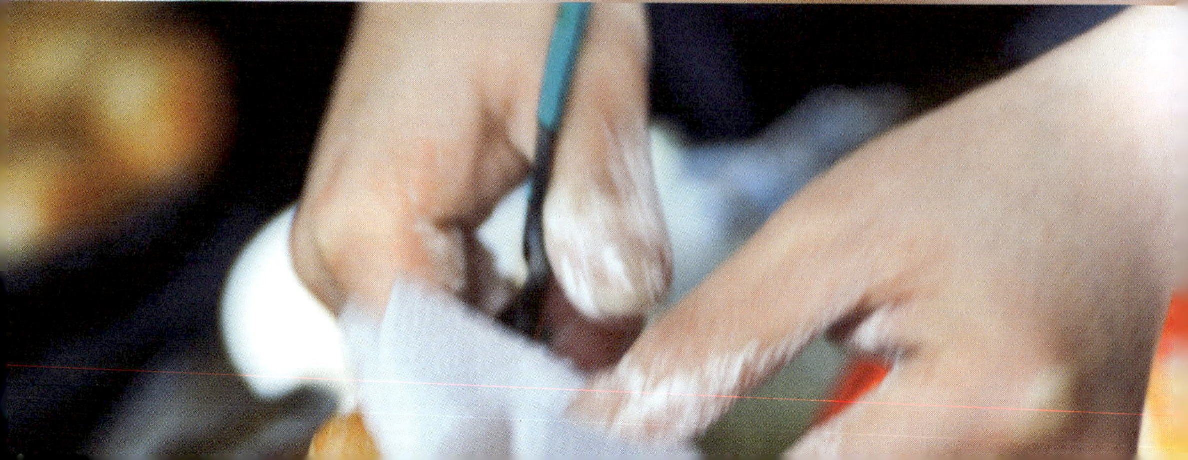

SÜSSE GENÜSSE (Đồ Ngọt)

In Vietnam werden Früchte traditionell nach dem Essen gereicht. Doch im ganzen Land sind auch Süßspeisen sehr beliebt. Dies sind meist süße Snacks und keine Desserts im westlichen Sinne.

Die Franzosen führten die Süßspeise **Kem Caramel** ein, die häufig auf der Straße angeboten wird. Sie wird mit Kokosmilch zubereitet, oder manchmal mit einem Pandanusblatt (Blatt der Schraubenpalme) aromatisiert, dessen Geschmack leicht an Vanille erinnert. Eine sehr beliebte Süßspeise ist *Che* und die Einwohner Hanois sind ganz verrückt danach. *Che* ist wirklich überall! Auch dieses Gericht lässt sich nicht wörtlich übersetzen. Man könnte es als Pudding bezeichnen, aber das trifft es nur unzureichend. Einige behaupten, es sei eine Suppe, da *Che* auch warm gegessen wird. Ob warm oder kalt, *Che* ist auf jeden Fall immer süß. Häufig verwendete Zutaten sind Mungbohnen, Perltapioka, Kokosmilch oder Lotussaat. In Vietnam existiert eine richtige *Che*-Kultur. Hanoi ist die Stadt par excellence, um diese farbenfrohe Süßspeise zu probieren.

REZEPTE

Seite 104 Chè Chuối * Banane mit Kokos und Tapioka auf Eis
Seite 151 Chè Đỗ Đen * Süße Schwarze-Bohnen-Suppe
Seite 182 Chè Ngô Cốm * Junger grüner Reis und Mais mit Kokosmilch
Seite 181 Chè Xoài * Mangopudding
Seite 83 Kem Caramel * Karamellcreme mit Kokosmilch
Seite 184 Sữa Chua Nếp Cẩm * Joghurt mit schwarzem Klebreis

DIPS, SAUCEN UND ÖLE

Saucen zum Dippen sind in der vietnamesischen Küche allgegenwärtig. Ohne die Sauce **Nuoc Cham** wäre die landestypische Küche nicht das, was sie heute ist. Doch neben dieser raffinierten Würze gibt es in Vietnam noch jede Menge anderer Saucen und Dips. Sie unterstreichen den Geschmack der Gerichte und sind unverzichtbarer Bestandteil der vietnamesischen Küche.

REZEPTE

GETRÄNKE

CAFÉ- UND KAFFEEKULTUR

Einzigartig in der Region, einmalig in ihrer Art und ungewohnt vielfältig ist die Café-Kultur in Vietnam. Es waren die Franzosen, die den Kaffee und die dazu gehörigen Cafés einführten. Heute produziert Vietnam genauso viel Kaffee wie der Kaffeeriese Brasilien. Von morgens früh bis abends spät gehen Jung und Alt ins Café, wo sie Zeitung lesen, am Laptop arbeiten oder mit Freunden und Kollegen plaudern. Die Café-Szene könnte unterschiedlicher nicht sein: von Teeständen auf dem Bürgersteig über klassische Kaffeehäuser bis hin zu modernen Loungebars; von der alten Frau aus der Nachbarschaft, die morgens ihren Tee serviert, bis hin zu schicken Terrassen an der Seepromenade in Hanoi. Allein über die Café-Kultur in Vietnam könnte man ein eigenes Buch schreiben. Abgesehen vom Markt ist das Café der ideale Ort, um das vietnamesische Straßenleben zu beobachten und die Welt in ihrer ganz eigenen Geschwindigkeit an sich vorbeiziehen zu lassen. Kaffee wird in Vietnam unterschiedlich zubereitet: Neben dem typischen vietnamesischen Filterkaffee (*Ca Phe Den*), der manchmal eine halbe Stunde braucht, um durchzulaufen, wird der eisgekühlte Kaffee mit Kondensmilch (*Ca Phe Sua Da*) serviert. Vietnamesen trinken auch Kaffee mit Ei (*Ca Phe Trung*). Kaffeetrinken und Café-Kultur sind in Vietnam fast so beliebt wie Espresso und Espressobars in Italien.

TEE

Tee ist der feinsinnige Gegenspieler des Kaffees. Es gibt in Vietnam klassische Teehäuser, in denen Teetrinken als Ritual zelebriert wird. Dort werden sehr besondere und seltene Teesorten angeboten, wie etwa ein Tee, der auch bei der königlichen Teezeremonie getrunken wird. Vietnamesen trinken Tee zur Entspannung und mit derselben Bedachtsamkeit, wie wir Wein verkosten. Während des Genusses der besonderen Teesorten sind Gespräche über Poesie sehr beliebt. Die Teehäuser stehen im scharfen Kontrast zu den schlichten, klassischen Teeständen in den Stadtvierteln, an denen einfacher grüner Tee ausgeschenkt wird. Hier werden Zigaretten stückweise verkauft und der neueste Klatsch und Tratsch macht die Runde. Schließlich gibt es noch die Tee-Salons. Dort wird der Tee, unter anderem Eistee mit Limette, sowohl drinnen als auch auf dem Bürgersteig serviert. Für viele junge Leute sind die Tee-Salons zu einem beliebten Treffpunkt geworden.

CAFE Mai

Chè Thái Nguyên
Chè Thái Nguyên
CHÈ
THƠM

HIGHLANDS COFFEE
HIGHLANDS COFFEE

CAFÉ
11B NGUYỄN THƯỢNG HIÊN

Café
ALICULI
Dak Lak

MOCA

HANOI

CÀ PHÊ
110
TRUNG NGUYÊN

ANDERE GETRÄNKE

Säfte und Smoothies sind in Vietnam ein wahrer Hochgenuss. Sie werden auf Märkten, in Cafés und an einfachen Straßenständen angeboten. Beliebte Obst- und Gemüsesorten sind Passionsfrucht, Avocado, Guave, Möhre und Mango.

Alkoholische Getränke gibt es auf der Straße an den Bia-Hoi-Buden. Das wässrige Bier wird frisch gezapft, häufig unter niedrigem Druck direkt vom Fass. Der Geschmack ist daher etwas flach – ganz sicher aus Sicht eines Europäers, der täglich Dutzende weltberühmter Biersorten im Supermarkt kaufen kann. Die Bia-Hoi-Buden sind beliebte Treffpunkte und ungeschlagen billig. In Vietnam findet man ein großes Angebot an Bieren. Jede Region scheint ihr eigenes Bier zu brauen: *Bia Ha Noi* im Norden, *Huda*-Bier in der Mitte des Landes und *Bia Saigon* und *333* im Süden. Mittlerweile ist auch das Tiger-Bier aus Singapur häufig zu sehen; und mit etwas Glück bekommt man sogar europäische Biere.

TOMS REISE

Meine erste Begegnung mit der Straßenküche

Früh am Morgen, nach einer langen Busfahrt, die man ohne Übertreibung als Beinahe-Fahrt in den Tod beschreiben könnte, lernte ich Hanoi kennen. Der Nachtbus hatte mich, Eva und unseren irischen Reisegefährten Ian aus dem feinen und ruhigen Hue – der alten Königsstadt Vietnams – ins Zentrum von Hanoi gebracht. Ein wenig mitgenommen, aber sehr erleichtert, wurden wir, so wie alle Touristen, direkt durchgeschleust zu einer Pension im The Old Quarter, dem alten schlagenden Herzen von Hanoi. Dort läuft man etwas verloren durch ein Gewirr von kleinen Straßen und Gassen, doch allein ist man nie. Um einen herum pulsiert das Leben: vietnamesische Händler mit ihren Waren, so viele, dass man sie gar nicht alle aufzählen könnte, Künstler und Artisten, Handwerksleute, Straßenverkäufer und ein Street-Food-Paradies, nach dem man sich die Finger leckt.

Nachdem wir unsere Zimmer bezogen hatten, zogen Ian und ich los, auf der Suche nach einem Drink, um unser Kennenlernen im Bus und unsere neue Freundschaft zu besiegeln. Wir bahnten uns einen Weg auf den mit Mopeds voll gestellten Bürgersteigen und liefen im Zickzack durch das Gedränge. Zwischendurch waren wir damit beschäftigt, hartnäckige Verkäufer abzuschütteln.

Es war mittlerweile 11 Uhr geworden und zwischen einigen chinesischen Läden fanden wir endlich eine Bar. Zwanzig winzige, hübsche Hocker standen auf dem Bürgersteig. Dazwischen waren etwas höhere Exemplare aufgestellt, die als Tische dienten. Oberhalb des Bürgersteigs war ein grün-weiß gestreiftes Vordach mit der Aufschrift »Bia Hoi« angebracht. Die Wirtin, eine freundliche, etwas behäbige vietnamesische Dame, stand hinter einem großen Bierfass. Kleinere Gruppen Vietnamesen waren ins Gespräch vertieft. Die Dame hinter dem Bierfass füllte vergnügt Plastikbecher mit Eis und Bier. Der Preis? 200 Dong[1] fürs Glas, wirklich spottbillig! Der Laden schien gut zu laufen, die Atmosphäre war freundlich und einladend. Wir bestellten ein paar Bia-Hoi-Biere.

Es dauerte nicht lange, bis wir von einer jungen Frau angesprochen wurden, die mit dem Fahrrad vorbeifuhr. Über dem Lenker hingen einige Pakete mit grünen Rohren, die mit Stricken zusammengebunden waren. Sie sprach mit leichter, leiser Stimme, die einem Singsang ähnelte. **»Nem Chua, Nem Chua.«** ***Wir ließen uns von der charmanten Erscheinung mit der schönen Stimme verführen und kauften ein Bündel.*** Was wir da eigentlich bestellt hatten, wussten wir nicht genau, aber trotzdem

[1] 200 Vietnam Dong entsprechen 2011 weniger als 1 Eurocent.

feilschten wir kurz um den Preis. Sie knotete – so schien es – ein Dutzend gefüllter Bananenblätter los. Dann nahm sie einen orangefarbenen Plastikteller aus ihrer Fahrradtasche und übergoss die Blätter mit einem ordentlichen Schuss Chilisauce. Die Chilisauce bewahrte sie in einer abgenutzten Plastikflasche auf – in Vietnam wissen die Leute einfach, was Recycling bedeutet. Ich bezahlte. Es fiel mir auf, dass sie mir das Wechselgeld mit beiden Händen übergab, ein Zeichen der Höflichkeit und des Respekts. Sie stellte den Teller mit dem Essen auf den Tisch und verschwand im Straßengewirr.

Neugierig auf den Inhalt der Bananenblätter falteten wir ein Blatt auseinander. Es war gefüllt mit einem rosafarbenen Röllchen aus fermentiertem Schweinefleisch. Wir dippten die Würstchen in Chilisauce und waren begeistert. Unsere erste Begegnung mit Street Food in Hanoi war ein voller Erfolg: eine Kombination von süß, salzig, sauer und scharf, der perfekte Snack zu einem erfrischenden, wenn auch etwas dünnen Bier. ***Auf unseren kleinen Hockern sitzend verputzten wir alle Häppchen, während die Welt an uns vorüberzog.***

Es war ein Vergnügen, die Betriebsamkeit auf der Straße zu beobachten: Händler verkauften ihre Waren, Verkäufer mit Bambusstöcken und zwei großen Körben *(Don Ganh)* voll Kohlrabi liefen vorbei, andere transportierten gefüllte Körbe mit Blumenkohl auf ihren Rädern, Friseure öffneten ihre Läden und aufdringliche Schuhputzer waren auf der Suche nach Kunden. Auf der Straße war es voll, aber der Mikrokosmos auf dem Bürgersteig strahlte Ruhe und Gemütlichkeit aus. Nach ein paar weiteren Gläsern Bia Hoi tauchte die Frau auf dem Fahrrad wieder auf. Sie wollte den leeren Teller einsammeln. Lachend zeigte sie auf ihren Lenker und erkundigte sich, ob wir noch eine Portion bestellen wollten. Wir hatten mittlerweile Appetit auf eine richtige Mahlzeit bekommen und bedankten uns bei ihr. Unser nächstes Ziel lag auf der anderen Straßenseite. Die zu erreichen, war schon eine Herausforderung für sich, weil es – wie in einem Ameisennest – von Mopeds nur so wimmelte. Wir schafften es und setzten uns an einen niedrigen Tisch, an dem wir **Pho Bo** (Seite 36) bestellen konnten. »*Cho toi hai pho bo?*«, fragte ich und wenige Augenblicke später entfalteten zwei dampfende Schalen Nudelsuppe mit fein geschnittenem Schweinefleisch ihr herrliches Aroma.

NEM CHUA

Fermentiertes Schweinefleisch im Bananenblatt

Mein Lieblingssnack!

450 g Schweineschinken, in feine Streifen geschnitten
1 TL Salz
60 ml vietnamesische Fischsauce (Nuoc Mam)
2 TL Zucker
2 EL Pflanzenöl
4 Knoblauchzehen, geschält, 3 Zehen flach geklopft und 1 Zehe in Scheiben geschnitten
100 g Reis, geröstet und fein gemahlen
120 g Schweinehaut, gekocht und in feine Streifen geschnitten
1 Bananenblatt
1 Thai-Chilischote, entkernt und in feine Ringe geschnitten

ZUM SERVIEREN
1 Schälchen Chilisauce zum Dippen

1 • Am Vortag Schweinefleisch zu einer glatten Masse stampfen. Salz, 2 EL Fischsauce und ½ TL Zucker zugeben und das Fleisch einen Tag ziehen lassen.

2 • Öl in einer Pfanne erhitzen und die 3 flach geklopften Knoblauchzehen im heißen Öl anbraten, restliche Fischsauce und restlichen Zucker hinzufügen und einkochen lassen.

3 • Schweinefleisch, gerösteten Reis, Schweinehaut und die Mischung aus Knoblauch, Fischsauce und Zucker in eine Rührschüssel geben und alle Zutaten mit den Händen gut verkneten.

4 • Bananenblatt zu Rechtecken (10 × 5 cm) schneiden. Aus der Fleischmischung dünne lange Rollen (12 × 3 cm) formen und diese jeweils mit 1 Scheibe Knoblauch und einem Chiliring belegen. Jede Rolle in ein Bananenblatt wickeln, Seiten einschlagen, fest zusammenrollen und mit einem Faden zusammenbinden.

5 • 2 Tage an einem kühlen Ort ruhen lassen. Mit Chilisauce servieren.

KULTUR & KÜCHE

Nem Chua wird gern während des Tet-Festes zum vietnamesischen Neujahr gegessen. Der Distrikt Lai Vung im Mekong-Delta ist für sein Nem Chua sehr bekannt. Das Rezept wird von einer Generation an die nächste weitergegeben. Als Zutaten werden Leber und Garnele verwendet. Das Nem Chua aus Lai Vung ist zu einem Markennamen geworden.
Im Distrikt Ninh Binh existiert ebenfalls eine eigene Variante namens Nem Yen Mac. Auch hier wird das Gericht nur von wenigen hergestellt, denn das Rezept ist geheim. Neben der fermentierten gibt es auch eine nicht-fermentierte Version, die auf dem Holzkohlengrill gegart wird.

PHỞ BÒ

Nudelsuppe mit Rindfleisch

Nationalgericht Nummer 1 – geschätzt und geliebt bis weit über die Landesgrenzen hinaus. Über Pho und alles, was damit in Zusammenhang steht, kann man ein eigenes Buch schreiben. Ich habe mir sagen lassen, dass es in Hanoi mehr als dreihundert Stände gibt, die Pho Bo anbieten. Der Duft von Sternanis auf der Straße verrät, wo dieses Gericht zu finden ist.

RINDERBRÜHE

2 ¼ kg Rindermarkknochen

5 ¾ l Wasser

750 kg Rindfleisch (mittlere Qualität), 2 Stücke, küchenfertig

2 Zwiebeln, geschält und leicht geröstet

6 cm frischer Ingwer, geschält und leicht geröstet

80 ml vietnamesische Fischsauce (Nuoc Mam)

3 EL Zucker

8–10 Sternanis, leicht geröstet

6 Gewürznelken, leicht geröstet

1 TL Salz

EINLAGE

450 g flache Reisnudeln, in lauwarmem Wasser eingeweicht, kurz gekocht und abgetropft

FÜR DIE GARNITUR

200 g Sojabohnensprossen, gewaschen

10 Korianderstängel, fein gehackt

½ Bund Koriander, Blättchen fein gehackt

10 Stängel Thai-Basilikum, Blätter fein geschnitten

6 Thai-Chilischoten, entkernt und in feine Ringe geschnitten

½ Zwiebel, geschält und in feine Ringe geschnitten

3 Frühlingszwiebeln, geputzt und in feine Ringe geschnitten

1 unbehandelte Limette, in dünne Scheiben geschnitten

schwarzer Pfeffer, frisch gemahlen

ZUBEREITUNG DER BRÜHE

1 • Die Rindermarkknochen unter fließendem Wasser gründlich abspülen und 5 Minuten in ausreichend Wasser kochen, um Verunreinigungen zu entfernen.

2 • In einem großen Topf Wasser mit den Knochen und 2 Rindfleischstücken zum Kochen bringen.

3 • Geröstete Zwiebeln, Ingwer, Fischsauce und Zucker hinzufügen.

4 • Nach 40 Minuten 1 Stück Rindfleisch aus der Brühe nehmen, eventuell für 10 Minuten in kaltes Wasser legen (beugt einem Austrocknen vor), gut abtropfen lassen. Das abgekühlte Stück Rindfleisch 30 Minuten vor der weiteren Verwendung im Tiefkühlfach anfrieren, damit es leichter in hauchdünne Scheiben geschnitten werden kann.

5 • Nach 1½ Stunden Sternanis und Gewürznelken in die Brühe geben und ½ Stunde mitkochen lassen.

6 • Brühe durch ein Sieb seihen, Rindermarkknochen und Rindfleisch zurück in die Suppe geben. Mit Salz würzen.

ZUBEREITUNG DER RINDFLEISCH-NUDELSUPPE

1 • Nudeln ½ Stunde in kaltem Wasser einweichen, bis sie weich sind. Abtropfen lassen.

2 • Rinderbrühe aufkochen. In der Zwischenzeit das angefrorene Rindfleisch in hauchdünne Scheiben schneiden.

3 • Einen großen Topf mit Wasser zum Kochen bringen. Kurz vor dem Servieren jeweils 1 Portion Nudeln für 20 Sekunden in das kochende Wasser tauchen.

4 • Nudeln abtropfen lassen und in Suppenschalen geben.

5 • Einige Scheiben gekochtes, in Scheiben geschnittenes Rindfleisch und einige Streifen des hauchdünn geschnittenen Rindfleischs darauf anrichten.

6 • Nudeln in den Schalen mit der dreifachen Menge heißer Brühe auffüllen.

7 • Mit Sojabohnensprossen, Koriander, Thai-Basilikum, Chiliringen, Zwiebel- und Frühlingszwiebelringen, Limettenscheiben und frisch gemahlenem Pfeffer garnieren und sofort servieren.

ADRESSEN

Phở Bò
Phở Bò Gia Truyền
Nr. 49 Bát Đàn Street
Old Quarter
Achten Sie auf die großen Metall-Kochtöpfe mit Brühe, die ausgestellt sind.
Geöffnet von 11.00 bis 14.00 Uhr und von 17.00 bis 20.00 Uhr

Phở Gà
Phố Tuệ Tĩnh
Nr. 71 Tuệ Tĩnh
Geöffnet von 11.00 bis 19.00 Uhr

KULTUR & KÜCHE

Achten Sie auf das richtige Verhältnis von 1/3 Nudeln und 2/3 Brühe oder Suppe. Ingwer und Zwiebeln am besten über einer offenen Flamme rösten (3-4 Minuten), Sternanis und Gewürznelke in einer fettfreien Pfanne.

Pho Bo wird sowohl mit lang als auch mit kurz gekochtem Rindfleisch serviert.

Angeblich rührt Pho Bo von dem französischen Wort pot au feu her, was so viel wie Feuertopf bedeutet. Berichten zufolge war Rindfleisch bis ins 19. Jahrhundert kein Bestandteil der vietnamesischen Ernährung und wurde erst von den Franzosen eingeführt. Andere Quellen sagen, dass bereits die Mongolen um das Jahr 1300 Rindfleisch im Land bekannt gemacht haben.

Pho Bo hat ihren Ursprung in Nordvietnam. Da durch die Aufteilung des Landes etwa eine Million Menschen vom Norden in den Süden zogen (und umgekehrt), wurde daraus ein allseits beliebtes Nationalgericht.

Pho Bo wird in Vietnam meist zum Frühstück gegessen, am Wochenende auch als Mittagessen. Häufig werden zur Pho Bo knusprige Brötchen serviert, die in die Suppe getunkt werden.

Pho Ga ist eine leichtere Variante mit Huhn/Poulet und Hühner-/Pouletbrühe. Sie wird auf die gleiche Weise zubereitet, hat aber einen feinen Zitronengeschmack, da Kaffirlimette als Gewürz und zum Garnieren verwendet wird.

Bun Bo Hue ist ebenfalls eine Nudelsuppe, hat aber mit Pho nichts gemein, da hier andere Nudeln verwendet werden. Die einzige Gemeinsamkeit ist, dass auch hier die Brühe mit Rindermarkknochen gekocht wird.

Auf dem Tisch stand ein Plastikständer mit Coca-Cola-Aufschrift, der verschiedene Fächer für Essstäbchen (*Dua*), Löffel (*Thia*), Toilettenpapier (*Giay Ve Sinh*) und Dosenöffner (*Do Khui Chai*) enthielt. Daneben standen Chilisauce, ein Kännchen mit Fischsauce, ein Schälchen mit Limettenstücken und ein locker gebackener asiatischer Donut. Wir nahmen reichlich von den auf dem Tisch stehenden Zutaten, um unsere mit Kräutern bedeckte Suppe zu würzen.
Mir gegenüber beugte sich ein alter Mann mit einer einfachen runden Brille über die gleiche Schale mit Suppe. Sehr geschickt legte er mit seinen Essstäbchen einige Nudeln auf seinen Suppenlöffel und schlürfte sie auf. Er lachte freundlich und fragte: *»Ngon?«* (Lecker?) *»Ngon!«*, antwortete ich und genoss die gemütliche Atmosphäre. Mein erstes Essen in Hanoi werde ich nie vergessen: den Augenblick, das gemeinsame Essen und die heiße Suppenschale mit Nudeln. Ich fühlte mich sofort heimisch in Hanoi, die Stimmung auf der Straße riss mich mit und es war einfach fantastisch. Nach der Suppe verabschiedete ich mich von meinem irischen Trinkkumpan und ging zurück zur Pension. Das schien einfacher gesagt als getan. Zu viele Bia Hoi und müde von der nächtlichen Busfahrt – wahrlich die besten Voraussetzungen, um sich in der Altstadt zu verlaufen. Niemand auf der Straße schien den Namen meiner Pension zu kennen. Sie verstanden mich nicht, wollten mir etwas verkaufen oder mich mit dem Moped irgendwo hinbringen. *»Motorbike?«* Die Rucksacktouristen, die mich in die falsche Richtung schickten, waren auch keine Hilfe. Die Suche wurde zum Bußgang durch das Gewirr der Altstadt, in der jede Straße der anderen glich. Fasziniert vom Trubel und der nicht enden wollenden Verkäuferschar, die das ganze Viertel nach potenziellen Kunden absuchten, stand ich Stunden später eher zufällig vor dem Eingang unserer Pension. Völlig geschafft ließ ich mich aufs Bett fallen. Meine Freundin war vernünftiger gewesen. Sie hatte sich nach der anstrengenden Busfahrt hingelegt und geschlafen. Ein paar Stunden später wurde ich wach und verspürte leichte Kopfschmerzen, die den vielen Bechern mit billigem *Bia Hoi* geschuldet waren. Das sind meine Erinnerungen an den ersten Morgen und die ersten kulinarischen Entdeckungen in Hanoi – zehn Jahre ist das nun her.
Am selben Abend gingen wir auf kulinarische Entdeckungsreise und setzten uns für ein **Cha Ca** (Seite 44) ins Restaurant Cha Ca La Vong. **Bereits seit über vier Generationen kocht hier ein und dieselbe Familie dieses Gericht.** Das Restaurant ist zum Inbegriff der Hanoier Gastronomie geworden. Die Straße, in der das Restaurant liegt, wurde umgetauft in Cha Ca Street. Seit kurzem betreibt die Familie ein zweites Restaurant in der Nähe vom See Truc Bach.
Im Restaurant wies man uns einen Tisch im ersten Stock zu. Obwohl noch früh am Abend, war das Restaurant schon voll. Der etwas steif wirkende Kellner zeigte auf ein Schild: *»One Dish Restaurant«*. Wir nickten und bestellten ein *Bia Ha Noi*. Kurz darauf setze der Kellner einen gefährlich aussehenden, glühenden Holzkohlengrill auf den Tisch. Darauf stand eine Pfanne mit einer dicken Schicht Öl und marinier-

ten Fischstücken in Kurkuma. Jeder bekam einen Teller mit Nudeln, **Nuoc Cham**, Erdnüssen und eine Schale mit frischen Kräutern. Unsere Bedienung goss großzügig Frühlingszwiebelöl über den Fisch in der Pfanne, bestreute ihn mit Dill und vermischte alles. ***Auf unserem Tisch breitete sich ein köstlicher Duft von Kurkuma und Dill aus.*** »*Together.*« Er zeigte auf den Fisch, die Nudeln, Erdnüsse und Kräuter. Wir hatten verstanden.
Der Fisch war inzwischen gut durchgebraten und das Öl in der Pfanne spritzte. Nach-

dem nun auch Dill und Frühlingszwiebelöl in der Pfanne schmorten, gaben wir etwas von den Nudeln in unsere Essschalen. Wir legten den gebratenen Fisch mit Erdnüssen und Kräutern darauf und beträufelten das Ganze mit ein paar Löffeln **Nuoc Cham**. Ein wahres Feuerwerk der Aromen. Was für eine Kombination!
Neben uns saß eine vietnamesische Familie, die eine andere stark riechende Sauce vor sich auf dem Tisch hatte. Es schien Garnelenpaste oder *Mam Tom* zu sein. Mam Tom wird Touristen anscheinend nicht serviert. Aus gutem Grund, wie ich zugeben muss, denn von dem eindringlichen Geruch fermentierter Garnelen dreht sich einem der Magen um, wenn man ihn nicht gewöhnt ist. Ich konzentrierte mich wieder auf meinen Teller. Das Essen war so lecker, dass ich eine zweite Pfanne bestellte und auch diese mit großem Appetit verspeiste. Zufrieden über das kulinarische Wunder bezahlten wir unsere Rechnung. Dass die etwas hoch ausfiel, überraschte uns. Hatten wir wirklich denselben Preis wie die Einheimischen bezahlt? Erst Jahre später erfuhr ich, dass der Fisch, der für ein **Cha Ca** verwendet wird, ein ziemlich teurer Süßwasserfisch ist, der nur in einer bestimmten Region oder in einem bestimmten Fluss vorkommt. Die wunderbare Mahlzeit war ihr Geld mehr als wert gewesen.

CHẢ CÁ

Gegrillter marinierter Fisch mit Reisnudeln

Dieses Pfannengericht kann man kaum Street Food nennen. Ein Besuch in Hanoi ist aber nicht komplett, ohne Cha Ca probiert zu haben. Das ursprüngliche Rezept ist ein wohl gehütetes Familiengeheimnis. In unserem Kochstudio haben wir unser eigenes Rezept entwickelt, indem wir den Fisch ein weiteres Mal in Öl anbraten.

300 g festfleischiger Fisch, z. B. Seeteufel, Heilbutt
4 Frühlingszwiebeln, geputzt, in 4 cm breite Ringe geschnitten, diese in Julienne geschnitten
1 Handvoll Dill, grob gehackt
300 g getrocknete Reis-Vermicelli, 4–5 Minuten gekocht, kalt abgespült und abgetropft
2–3 EL Pflanzenöl

MARINADE

1 EL frische Kurkumawurzel, fein gehackt
2 EL frischer Galgant[2], fein gehackt
1 EL Zucker
½ TL grobes Meersalz
1 TL Garnelenpaste
1 EL Reisessig
2 EL griechischer oder bulgarischer Joghurt

FÜR DIE GARNITUR

frische Kräuter, z. B. Koriander, Minze, großes Thai-Basilikum
300 ml Nuoc Cham (siehe Seite 187)
1 Handvoll geröstete Erdnüsse
knackige Salatblätter

1 • Fisch gut abspülen, trocken tupfen und in 2 cm große Würfel schneiden.

2 • Aus Kurkuma, Galgant, Zucker und Salz eine Marinade anrühren. Alle Zutaten im Mörser zu einer glatten Paste stampfen. Garnelenpaste hinzufügen und gut unterrühren. Reisessig zugeben und die fertige Paste mit dem Joghurt verrühren.

3 • Den Fisch mit der Marinade einreiben und mindestens 4 Stunden im Kühlschrank ziehen lassen.

4 • Fisch am besten auf einem Holzkohlengrill oder in einer leicht gefetteten Grillpfanne von beiden Seiten braten.

5 • Frühlingszwiebeln und Dill in eine Schüssel geben. Nudeln auf 4 Schalen verteilen.

6 • Öl in einer Pfanne erhitzen und die gegrillten, marinierten Fischstücke zusammen mit Dill und Frühlingszwiebeln im Öl braten.

7 • Den Fisch auf den Nudeln anrichten, mit Kräutern bestreuen, je nach Geschmack mit Nuoc Cham beträufeln, mit gerösteten Erdnüssen garnieren und mit Salatblättern servieren.

[2] Galgant, auch als Laosingwer bezeichnet, zählt wie der bei uns bekannte Ingwer zur Familie der Ingwergewächse. Auf Vietnamesisch heißt er Rieng Nep, sein Geschmack ist jedoch deutlich von dem des normalen Ingwers zu unterscheiden.

ADRESSEN

Chả Cá La Vong
Nr. 14 Pho Cha Ca
Old Quarter
Geöffnet von 18.00 bis 22.00 Uhr

Chả Cá La Vong
Nr. 107 Nguyen Truong To
Truc Bach
Geöffnet von 11.00 bis 22.00 Uhr

KULTUR & KÜCHE

Seit vier Generationen serviert Familie Doan dieses Pfannengericht, das mittlerweile zu einem Wahrzeichen Hanois geworden ist. Selbst eine Straße ist danach benannt.
Cha Ca heißt gegrillter Fisch. Für Cha Ca wird ein Flussfisch verwendet (Anh Vu), der auch in Hanoi sehr teuer ist. Dieser Fisch ist sehr selten und nur bei Viet Tri in dem Fluss Bach Hac zu finden.
Dieses herrlich aromatische Gericht wird direkt am Tisch zubereitet, traditionell auf einem glühend heißen Holzkohlengrill, was am Tisch jedes Mal sehr viel Spannung und Heiterkeit auslöst. Ich muss dabei immer an die Weihnachtsabende mit der Familie denken, wenn wir gemütlich am Tisch saßen und Raclette aßen.
In unserem Kochstudio verwenden wir immer griechischen Joghurt für die Marinade. Didier vom Restaurant La Verticale erklärte mir, dass dieses Gericht ursprünglich mit einer Mischung aus fermentiertem kaltem Reis mariniert wurde. Didier hatte stets etwas davon in seinem Restaurant stehen. Er nannte das auf Französisch »la mère« (die Mutter), weil es die Grundlage für die Gärung darstellt – ähnlich wie bei einer »Essigmutter«.

Nhà hàng
CHẢ CÁ ®
LÃ VỌNG
107 Nguyễn Trường

Thanh Thuỷ 18 Tạ Hiện
Sprite
Giải Khát - Bia Hơi
COOLBEER
Thanh Thuy
Cafe - Giải Khát
GIẢI KHÁT
BIA HƠI
TẠ HIỆN

Eine Offenbarung

Zwei Jahre später organisierte ich – nach intensiver Vorbereitung – die erste kulinarische Reise durch Vietnam. Belgischen Touristen zeigte ich Küche und Essgewohnheiten der Menschen und machte sie mit der vietnamesischen Kultur vertraut. Als ich mit den Vorbereitungen für die Reise begann, wurde mir klar, dass meine Kenntnisse der vietnamesischen Sprache zu beschränkt waren, um mich tiefergehend mit der (Ess-) Kultur des Landes zu beschäftigen. Auch der Versuch, einen Sprachkurs in Hanoi zu belegen, brachte mich nicht weiter. Mein zweiter Plan schien besser zu funktionieren: Ich suchte mir einen Reisefachmann vor Ort und landete beim Reiseveranstalter Handspan. Dort lernte ich Thao Co kennen, eine zwanzigjährige Vietnamesin, die als Fremdenführerin arbeitete und mich bei der Organisation der Reise unterstützen sollte.
Thao Co nahm mich mit zu ihrem Lieblings-Café und ich lernte viel über vietnamesische Gewohnheiten und Traditionen. Obwohl ich ihr deutlich zu verstehen gegeben hatte, dass ich das authentische Essen der Straßenküchen kennen lernen wollte, schien sie mir nur die üblichen Restaurants zu zeigen. ***Erst nach einer Weile begriff sie, dass ich wirklich so essen wollte wie sie,*** und dass ich genau das den Touristen aus Belgien zeigen wollte.
Thao Co gab mir einige Adressen von sehr bekannten Lokalen in Hanoi, wohin ich meine Gruppe führen konnte. Es schienen allesamt sehr gute Speiselokale zu sein, die wirklich leckeres Essen servierten! Um ganz in die Esskultur eines Landes einzudringen, muss man die Sprache beherrschen oder jemanden zur Seite haben wie Thao Co, der einen versteht und weiß, was man möchte. Dank ihrer Hilfe konnte ich diese Seite der vietnamesischen Kultur ergründen. Sie öffnete mir Türen, ließ mich neue Erfahrungen machen, gab geheime Adressen weiter und weihte mich ein in die wundersame Welt der Garküchen von Hanoi. Wir hatten dieselben beruflichen Interessen, und je länger wir zusammen durch die Straßen zogen, desto mehr freundeten wir uns an.

Wir verabredeten uns an ihren freien Nachmittagen. ***Ich saß hinten bei ihr auf dem Moped und so fuhren wir durch Hanoi.*** Sie zeigte mir kleine Ecken und Gassen, die ich sonst nie zu Gesicht bekommen hätte, und machte mich mit den Geheimnissen der vietnamesischen Küche bekannt. Vom Moped aus war auch der viele Verkehr plötzlich halb so schlimm. Wenn man selbst ein Teil davon ist und mit dem Strom schwimmt, erscheint einem das Ganze viel entspannter, als wenn man das Gewimmel still sitzend vom Bürgersteig aus erlebt. Alles gleitet gleichmäßig ineinander über, es scheint, als schwebe man durch Hanoi.

Sie stellte mich auch bei den Leuten von Quan An Ngon vor, einem sehr schönen Buffetrestaurant, in dem alle Gerichte der Straßenküche unter einem Dach zubereitet werden. So lernte ich die Nudelsuppe **Bun Thang** (Seite 54) kennen. **Bun Thang** ist bestimmt schon tausend Jahre alt, genauso alt wie die Stadt Hanoi selbst. Ich war verblüfft: Ein Gericht, das zehn Jahrhunderte alt ist und noch heute an vielen Straßenecken zubereitet wird. So viel zur kulinarischen Tradition! Dünne Nudeln, fein gehacktes Rührei, Huhn und feine Fäden gesalzener Garnele machen die Suppe sehr gehaltvoll. Thao Co erzählte mir von *Ca Cuong*, einem Wasserinsekt, das diesem Gericht seinen Stempel aufdrückt. Das Drüsensekret des Tieres wird verwendet, um der Suppe ihr typisches Aroma zu verleihen. Die Essenz wird auch für Saucen benutzt, mit denen beispielsweise **Banh Cuon** (Seite 101) gewürzt wird. ***Mein Erstaunen war groß: Die Essenz eines Wasserinsekts wird zum Würzen einer Suppe verwendet;*** das ist doch fantastisch! Ich kenne kein Gericht aus meiner Heimatstadt, das so viele Jahrhunderte überlebt hat. Ebenso wenig wird bei uns der Duftstoff von Insekten destilliert, um einem Gericht Geschmack und Würze zu geben.

Es war fast Mittag und das Quan An Ngon brummte. Junge, gut gekleidete Büroangestellte drängelten sich an den langen Holztischen und bestellten ihre Lieblingsgerichte zum Mittagessen. Sie teilten sich den Platz mit einigen neugierigen Touristen. Quan An Ngon ist schicker als der Durchschnitt der Garküchen und vielleicht nicht ganz so authentisch, aber dadurch auch dem westlichen Besucher etwas zugänglicher.
Auf Thao Cos Drängen probierten wir verschiedene Speisen. Am leckersten war ein Salat mit frittiertem Aal (**Nom Luon**, Seite 57), Reissuppe mit Huhn (**Chao Ga**, Seite 59) mit einem frittierten Garnelen-Küchlein (**Banh Tom**, Seite 60). Ich genoss das Essen in vollen Zügen und bin Thao Co noch immer dankbar für die wunderbaren Nachmittage.

Ich erinnere mich an einen dieser Nachmittage, als wir – nach zahlreichen Zwischenstopps an Garküchen – zur Hang Gai Street rauschten. Sie lotste mich durch eine enge Gasse, an einem Andenkenladen vorbei und einige Treppen hinauf. Plötzlich standen wir in einer traditionellen Kaffeebar mit einer fantastischen Aussicht auf den See Hoa Kiem. ***Es zeigte mir einmal mehr, dass die Geheimnisse Hanois in den kleinen Ecken und dunklen Gassen verborgen liegen.*** Wir tranken einen vietnamesischen Eiskaffee, der zusammen mit warmem Wasser serviert wurde. Zu warmem Kaffee gehört immer ein Glas kaltes Wasser und im Winter wird immer ein Glas warmes Wasser zu kaltem Kaffee serviert. Thao Co brachte mich zurück in mein Hotel in der Nha Tho Street und lud mich zum Essen nach Hause bei ihrer Familie ein. Ich fühlte mich geschmeichelt und geehrt. Am nächsten Tag genoss ich ein herrliches Mahl in der unnachahmlichen Gastlichkeit einer vietnamesischen Familie. Mehr als jemals zuvor fühlte ich mich der vietnamesischen (Ess-) Kultur verbunden und sehr nah.

Die Geschichte der **Bun Thang** und des Insekts *Ca Cuong* ließen mich nicht mehr los. In den folgenden Jahren nutzte ich jede Gelegenheit, um auf dem Markt in Hanoi nach diesem wunderlichen Tier und seinem Duftstoff zu suchen. Meine Suche blieb erfolglos: *Ca Cuong* war anscheinend nirgendwo mehr zu bekommen. Niemand konnte mir das Insekt zeigen. Es gab allerdings eine synthetisch hergestellte Essenz, die dem Duft des Drüsensekrets des Insektes nahe kam. Schließlich gab ich meine Suche nach dem Insekt auf.

Durch Thao Co lernte ich Didier Corlou kennen. Didier hatte viele Jahre für das bekannte Kolonialhotel Metropole in Hanoi gearbeitet und leitete nun zwei Restaurants. Im Hotel Metropole hatte während des Vietnamkrieges die Presse logiert.
Ein Blick in die Hotellobby ist nach der nun beendeten Renovierung in jedem Fall zu empfehlen.
Didier liebt Vietnam und seine Küche. Er hat eine außerordentliche Leidenschaft für die typisch vietnamesischen Kräuter und weiß alles über Fischsauce. Stundenlang haben wir uns über die Küche Vietnams unterhalten. Didier zeigte mir, wie ich Fisch für ein **Cha Ca** richtig mariniere. Ich bewundere sein enzyklopädisches Wissen, das er gern mit mir teilte. Der Mann ist wirklich ein Phänomen. Es geht das Gerücht um, dass er einst einen Gemüsegarten auf dem Dach des Hotels Metropole anlegte und hierfür sogar einen Vollzeit-Mitarbeiter einstellte. Seine sympathische Frau erklärte mir, wie man **Goi Ngo Sen** (Seite 63) zubereitet, ein Salat aus Lotusstängeln und Garnelen. Didier machte mich auch mit einem Gericht bekannt, das starke Einflüsse der französischen Küche aufweist: **Bo Xot Vang** (Seite 64). Dieses vietnamesische Schmorgericht mit in Wein gegartem Rindfleisch kann zu Recht als das Bœuf Bourguignon von Hanoi bezeichnet werden. In Vietnam werden weder Reis noch Kartoffeln zum Hauptgericht serviert, sondern einfache Brötchen (*Banh My*); herrlich zum Eintunken in den aromatischen Schmortopf.

BÚN THANG

Nudelsuppe mit Huhn, Ei und vietnamesischer Schweinswurst

Das Rezept ist so alt wie die Stadt Hanoi selbst. Bun Thang ist eine Suppe aus einer klaren, einfach zuzubereitenden Brühe, aber wärmend und gehaltvoll.

2 l Hühner-/Pouletbrühe
10 Schweinerippchen, unter kaltem Wasser abgespült
2 Hähnchen-/Pouletbrustfilets
2 EL vietnamesische Fischsauce (Nuoc Mam)
1 EL Zucker
1 EL getrocknete Garnelen
1 EL Knoblauchöl (siehe Seite 190)
1 EL Pflanzenöl
2 Eier, mit 1 Schuss Milch verquirlt
200 g runde kleine weiße Reis-Vermicelli, 4 bis 5 Minuten gekocht, kalt abgespült und abgetropft
vietnamesische Schweinswürste (Gio Lua), in dünne Scheiben geschnitten (siehe Seite 72)
200 g Sojabohnensprossen
2 Frühlingszwiebeln, geputzt und in Ringe geschnitten
knackige Salatblätter
frische Kräuter, z.B. Koriander, Minze, Shiso[3]
1 rote Chilischote, entkernt und in Ringe geschnitten
1 TL Garnelenpaste (wahlweise)

1 • Brühe bei hoher Temperatur erhitzen, Schweinerippchen und Geflügelfilets hineingeben. Stark kochen lassen, damit sie der Brühe zusätzlichen Geschmack geben. Fischsauce, Zucker, getrocknete Garnelen und Knoblauchöl zugeben.

2 • Pflanzenöl in einer Pfanne erhitzen und aus den Eiern ein dünnes Omelette backen. Omelette aus der Pfanne heben, abkühlen lassen und in feine Streifen schneiden.

3 • Geflügel und Rippchen aus der Brühe nehmen. Hähnchenfilet in dünne Streifen schneiden. Fleisch von den Rippchen lösen und ebenfalls in feine Streifen schneiden.

4 • Nudeln in Suppenschalen verteilen. An den Rand jeder Schale fein geschnittenes Omelette, Geflügel- und Schweinefleischstreifen sowie Wurststückchen anrichten.

5 • Mit Sojabohnensprossen, Frühlingszwiebeln, Kräutern und Chiliringen servieren. Falls gewünscht, noch ein wenig von der Garnelenpaste unterrühren.

KULTUR & KÜCHE

Genau wie Pho wird auch diese Suppe traditionell zum Frühstück gegessen, sie kann aber auch als Mittag- oder Abendessen serviert werden.
Einige Tropfen des Insektensekrets Ca Cuong geben der Brühe eine besondere Würze (siehe Seite 52 f.).

[3] Shiso (japanisch), auch Schwarznessel, chinesische Minze oder Perilla genannt, wird in der ostasiatischen und südostasiatischen Küche zu Würz- und Heilzwecken verwendet. Ihre krausen Blätter sind grün oder rötlich.

NỘM LƯƠN

Salat von frittiertem Aal

Aal ist eine beliebte Zutat der vietnamesischen Küche. Hier nun ein Salat mit frittierten Aalstücken.

2 EL Mehl
1 Prise Salz
300 g Aal, gesäubert, 5 cm lange Stücke, jeweils 1 cm dick
Öl zum Frittieren
1 kleine Möhre, geschält und in lange dünne Streifen geschnitten
¼ Gurke, geschält, entkernt und in lange dünne Streifen geschnitten
150 g Sojabohnensprossen
frische Kräuter, z.B. Koriander und Rau Ram[4], grob gehackt
¼ TL Salz
Nuoc Cham (siehe Seite 187)
2 EL Limettensaft
1 EL Zucker

FÜR DIE GARNITUR
1 große rote Chilischote, entkernt und schräg in feine Streifen geschnitten
2 EL Schalotten, geschält, fein gewürfelt und frittiert
2 EL Erdnüsse, geröstet und grob zerstoßen

1 • Mehl und 1 Prise Salz in eine Plastiktüte füllen. Aalstücke darin wenden und überschüssiges Mehl leicht abklopfen.
2 • Öl in der Pfanne erhitzen und die Aalstücke im heißen Öl braun und knusprig frittieren. Abkühlen lassen.
3 • In einer großen Schüssel Möhre, Gurke, Sojabohnensprossen und die Hälfte der Kräuter mischen.
4 • Nuoc Cham mit 2 EL Limettensaft und etwas Zucker verrühren und unter die übrigen Zutaten mischen.
5 • Aalstücke unter den Salat mischen, mit Chili, restlichen Kräutern, Schalotten und Erdnüssen garnieren.

KULTUR & KÜCHE

Das Gericht Nom Luon stammt aus Südvietnam. In Hanoi wird Aal in Mien Luon verarbeitet, einer leckeren Nudelsuppe mit Maniokknudeln.

[4] Vietnamesischer Koriander, ein Knöterichgewächs, wird auch Laksa Herb oder Laksa Leaf genannt.

CHÁO GÀ

Reissuppe mit Huhn

Diese wärmende sämige Reissuppe ist ein typisches Frühstücksgericht!

2½ l Geflügelbrühe
2 Hähnchen-/Pouletbrustfilets
2 Hähnchen-/Pouletschenkel
1 EL Pflanzenöl
1 Knoblauchzehe, geschält und fein gehackt
2 Schalotten, geschält und fein gehackt
1 EL frischer Ingwer, geschält und fein gehackt
5 Tassen Reis, gewaschen und abgetropft
2 EL vietnamesische Fischsauce (Nuoc Mam)
3 Frühlingszwiebeln, weiße und grüne Abschnitte, geputzt und in Ringe geschnitten
½ TL schwarzer Pfeffer, frisch gemahlen

FÜR DIE GARNITUR
frische Kräuter, z.B. Koriander und Thai-Basilikum
frittierte Knoblauchscheiben
Limettenspalten

1 • Geflügelbrühe zum Kochen bringen.
2 • Gründlich abgespülte und trocken getupfte Hähnchenbrustfilets und -schenkel 15 Minuten in der Brühe pochieren, anschließend aus der Brühe heben und beiseitestellen.
3 • Öl in einem Topf erhitzen und Knoblauch, Schalotten, Ingwer und Reis bei niedriger Hitze im Öl braten. Gut umrühren, damit alle Zutaten das Öl aufnehmen können. Zutaten aus dem Topf in die Brühe geben und alles 30 Minuten bei niedriger Hitze leicht köcheln lassen, bis der Reis gar ist.
4 • Fischsauce und weiße Abschnitte der Frühlingszwiebeln hinzufügen. Mit Pfeffer würzen und mit dem fein geschnittenen Grün der Frühlingszwiebeln, frittierte Knoblauchscheiben und Kräutern garnieren. Die Suppe eventuell mit etwas Limettensaft beträufeln.

KULTUR & KÜCHE

Eine sehr interessante Variante, und in Hanoi äußerst beliebt, ist die Reissuppe mit Süßwassermuscheln. Das Gericht heißt Chao Trai und ist besonders lecker mit frittierten Schalotten.

ADRESSE
Quán Cháo Trai
Chao Trai
Nr. 26 Tran Xuan Soan
Geöffnet von 8.00 bis 18.00 Uhr

BÁNH TÔM

Frittierte Garnelen-Küchlein

Angeblich ist das Gericht nach dem Ort benannt, wo es vor 40 Jahren erfunden wurde: Banh Tom Ho Tay. Andere behaupten, es habe seinen Namen von der Süßwassergarnele aus dem See Ho Tay im Westen, die für die Zubereitung verwendet wird.

400 g Tempurateig (Asienladen)
Salz und schwarzer Pfeffer, frisch gemahlen
½ TL Kurkuma
2 große Süßkartoffeln, geschält, gewaschen und in Julienne geschnitten
Öl zum Frittieren
10 Garnelen, nicht geschält

FÜR DIE GARNITUR
einige Salatblätter
1 Handvoll Sojabohnensprossen
frische Kräuter, z.B. Koriander, Minze, große Shiso-Blätter[5], Thai-Basilikum
300 ml Nuoc Cham (siehe Seite 187)

1 • Tempura mit Wasser anrühren, so wie auf der Packungsanleitung angegeben (eventuell etwas weniger Wasser nehmen). Tempurateig mit Salz, Pfeffer und Kurkuma würzen.
2 • Kartoffelstifte in den Teig rühren.
3 • Öl im Topf auf 175 °C erhitzen.
4 • Die in Teig getränkten Kartoffelstifte auf einen Löffel geben und in das heiße Öl gleiten lassen. Die Stifte sollten dabei zusammenbleiben.
5 • Eine Garnele durch den Teig ziehen und diese zügig auf die Kartoffelmasse im Öl legen. Garnele und Kartoffel sollten möglichst zusammenkleben.
6 • Die frittierte Küchlein mit Salatblättern, Kräutern und Sojabohnensprossen servieren und in die Salatblätter gewickelt in Nuoc Cham dippen.

KULTUR & KÜCHE

Da die Garnelen vor dem Frittieren nicht geschält werden, bleiben sie knusprig. Probieren Sie auch eine Mischung aus Kartoffel-, Zucchini- und Möhrenstiften.

ADRESSE
Bún Thang, Nộm Lươn, Cháo Gà, Bánh Tôm und mehr...
Quán An Ngon
Nr. 18 Phan Boi Chau
Geöffnet von 11.00 bis 20.00 Uhr

[5] siehe Seite 54

GỎI NGÓ SEN0

Lotusstängel-Garnelen-Salat

Dieser Salat gehört zu den Gerichten, die mich sofort von der vietnamesischen Küche überzeugt haben. Als ich das Kraut Rau Ram (siehe Seite 57) zum ersten Mal probierte, war es um mich geschehen.

300 g Lotusstängel, 5–6 cm lange Abschnitte
3 EL Limettensaft
10 Garnelen, gekocht, geschält und vom Darm befreit, in der Länge halbiert
100 g Schweinefleisch, gekocht und in Streifen geschnitten
1 Zwiebel, geschält und in feine Ringe geschnitten
1 Möhre, geschält und in Julienne geschnitten
Nuoc Cham (siehe Seite 187)
½ EL Zucker

FÜR DIE GARNITUR

1 EL geröstete Erdnüsse, grob zerstoßen
2 EL frittierte Schalotte
1 große rote Chilischote, entkernt und in Julienne geschnitten
frische Kräuter, z.B. Minze, Rau Ram[5], in feine Streifen geschnitten

1 • Abschnitte der Lotusstängel in der Länge vierteln und in Julienne schneiden. Wasser und 1 EL Limettensaft in eine Schüssel füllen und Lotusstängel-Julienne 1 Stunde darin einweichen. So behalten sie ihre Farbe. Gut abtropfen lassen.

2 • Lotusstängel mit Garnelen, Schweinefleisch, Zwiebel und Möhre mischen.

3 • Salat mit Dressing beträufeln. Für das Dressing kann Nuoc Cham als Grundlage dienen. 2 EL Limettensaft sorgen für eine frische Note und ½ EL Zucker dient der geschmacklichen Abrundung.

4 • Auf Tellern die Salatmischung mit Erdnüssen, Schalotte, Chilistreifen und den restlichen frischen Kräutern garnieren.

KULTUR & KÜCHE

In Europa sind Lotusstängel nicht überall zu bekommen. Bei uns ersetzen wir sie durch weißen Spargel, der wunderbar passt! Spargel ist ein viel hochwertigerer Ersatz als Lotusstängel aus der Dose, die schwer zu bekommen ist. Knuspriges Krupuk (Krabbenchips) als Beilage unterstreicht den Yin-Yang-Charakter des Salats.
Der Lotusstängel symbolisiert Reinheit und Vollkommenheit. Sowohl Wurzel als auch Stängel und Samen werden gegessen. Die schöne Blüte wird in Tempeln oder am Familienaltar als Opfer dargebracht. Von dem Tau, der morgens auf der Lotusblüte liegt, wird Tee gebrüht. In der Medizin wird dem Lotusstängel (genau wie der Artischocke) eine blutreinigende Wirkung zugeschrieben.

[5] siehe Seite 57

BÒ XỐT VANG

Geschmortes Rindfleisch

Der französische Einfluss lässt sich nicht verleugnen.

2 Schalotten, geschält und fein gehackt
2 Knoblauchzehen, geschält und zerstoßen
½ TL schwarzer Pfeffer, frisch gemahlen
2 EL vietnamesische Fischsauce (Nuoc Mam)
½ TL Zucker
75 ml Reiswein
1 kg Rindfleisch, küchenfertig, in 2 cm große Würfel geschnitten
2 EL Pflanzenöl
1 Zimtstange
5 Sternanis
4 reife Tomaten, enthäutet, entkernt und fein gehackt
2 EL Mehl
1 Handvoll Korianderblätter

1 • Aus der Hälfte der Schalotten, der Hälfte des Knoblauchs, aus Pfeffer, Fischsauce, Zucker und Reiswein eine Marinade anrühren. Das Fleisch mindestens 1 Stunde in der Marinade ziehen lassen.

2 • Öl in einer Pfanne erhitzen und die restlichen Schalotten und den restlichen Knoblauch bei niedriger Hitze im Öl anschwitzen. Zimtstange und Sternanis hinzufügen und weiter garen, bis die Schalotten glasig sind.

3 • Fleisch in die Pfanne geben und rundherum scharf braten. ½ Liter Wasser zugießen.

4 • Tomaten zum Fleisch geben, Hitze reduzieren und das Ganze etwa 1 Stunde köcheln lassen.

5 • Mehl mit 4 EL Wasser glatt rühren und zum Rindfleisch geben, um die Sauce zu binden.

6 • Mit Pfeffer würzen, frischen Koriander über das Schmorgericht geben und mit Brot servieren.

KULTUR & KÜCHE

Das Gericht wird mit Brot gegessen, manchmal auch mit Omelette. Natürlich passen auch Reis oder Kartoffeln als Beilage.

ADRESSE

Das Speiselokal hat zwei Eigentümer und ein Gericht: Morgens kocht hier eine Familie, ab 15.00 Uhr übernimmt dann eine zweite Familie das Restaurant. Zwar wird den ganzen Tag nur ein Gericht serviert, das wird jedoch unterschiedlich zubereitet.

Bò Xốt Vang
Nr. 252 Hang Bong
Geöffnet von 10.00 bis 20.00 Uhr

Rund um die Nha Tho Street

Ein paar Jahre und einige kulinarische Reisen später landete ich wieder am Noi Bar Airport, dem internationalen Flughafen von Hanoi. Ich nahm mir ein Taxi zum Church Hotel in der Nha Tho Street. Dort war ich während meiner Zeit als Reiseleiter mit meinen Gruppen abgestiegen. Ich nannte dem Fahrer die Adresse des Hotels. Wenige Minuten später war mein Gepäck verstaut und voll freudiger Erwartung spähte ich aus dem Wagenfenster. Unterwegs telefonierte der Fahrer ein paar Mal. Nach einer halben Stunde erreichten wir das Zentrum von Hanoi. Wir hielten an einer Straßenecke. Die Gegend war mir absolut unbekannt. Noch etwas müde vom langen Flug bezahlte ich den Preis, den der Zählerstand anzeigte. Jemand vom Hotel öffnete die Wagentür und begrüßte mich begeistert: *»Welcome to the Church Hotel!«* Ich stieg aus dem Taxi und blickte verwundert auf das Vordach über dem Eingang. Das war ganz gewiss nicht das »Church Hotel«. Ich sah meinen Fahrer an, der wohl darauf gehofft hatte, dass ich hier einchecken würde und er noch ein paar Dong mitverdienen könnte. Es ist ein alter Trick, Touristen, die zum ersten Mal in der Stadt sind, zu einem anderen Hotel zu bringen. Aber ich war nicht zum ersten Mal in Hanoi. Der Fahrer entdeckte plötzlich seinen »Irrtum«, entschuldigte sich vielmals und brachte mich geschwind zur Nha Tho Street. Ich musste nicht einen Dong extra bezahlen.

Die Nha Tho Street liegt sehr zentral. Von hier aus ist man in wenigen Minuten zu Fuß direkt in der Altstadt und am schönen See Hoa Kiem. Stilvoll und gut gekleidete Männer mit Hut oder französischem Barett flanieren dort sonntags auf der Uferpromenade zwischen verliebten Paaren. Morgens kann man am See wunderbar spazieren gehen. Die Ruhe, die vom Wasser ausgeht, verleiht der Stadt eine besondere Harmonie. Menschen jeden Alters machen hier ab Beginn der Morgendämmerung ihre Leibesübungen: Tai Chi, Fitness, Dehnübungen. Ein Badminton-Spiel oder Bankdrücken morgens um sechs sind nichts Außergewöhnliches. Es überrascht mich immer wieder, wie früh die vietnamesische Bevölkerung morgens aufsteht und wie emsig die Menschen sind. Abends hingegen ist es sehr ruhig in der Stadt. Die Leute gehen früh zu Bett und stehen früh auf. Das ganze Land ist um sechs Uhr morgens auf den Beinen, während um elf Uhr abends kaum noch jemand auf der Straße anzutreffen ist – schon gar keine Garküchenbetreiber.
Hong, eine vietnamesische Freundin, erzählte mir, wie früher die Verkäufer mit Snacks wie Popcorn und Süßkartoffeln durchs Viertel liefen und mit leisem Singsang ihr Kommen ankündigten. Gerade laut genug, um die hungrigen Mägen zu wecken und sie mit ihrer Stimme zu verführen. Diese Sitte – an die Hong mit Wehmut zurückdenkt – ist heute in den Städten nur noch selten zu beobachten.

An der Ecke Nha Tho und Ly Quoc Su liegt eines der ältesten Straßencafés der Stadt. Die jungen Leute der Stadt treffen sich hier nach Einbruch der Dämmerung, um Tee zu trinken, Nüsse zu kauen und zu reden oder um einfach nur gemütlich beisammenzusitzen. Man fragt die Besitzerin nach einem Platz, bekommt ein paar Hocker, ein kleines Tischchen und kann dann seine Bestellung aufgeben. Wie so vieles in Hanoi, existiert auch hier ein ganz eigenes System. Auch links von der St.-Josef-Kirche gibt es ein paar wundervolle vietnamesische Tee- und Kaffeehäuser.

In der Mitte der Straße steht ein interessanter buddhistischer Tempel, dem noch Ho Chi Minh seine Ehre erwies. Um den Tempel Chua Ba Da zu besuchen, muss man etwa auf halber Höhe der Nha Tho Street eine kleine Gasse entlanggehen (links, wenn man Richtung St.-Josef-Kirche schaut).

Wo heute das HSBC-Bankgebäude steht, gab es früher verfallene, aber schöne Häuschen mit kleinen Restaurants. Fastfood Pho24 hat sich neben der kleinen Polizeistation eingenistet und im Untergeschoss des modernen HSBC-Gebäudes befindet sich die Filiale der Kaffeekette Highlands. Das Viertel um die Nha Tho Street hat sich in den letzten Jahren immer mehr zu einem In-Viertel entwickelt, aber trotzdem seinen ursprünglichen Charme bewahren können.

Wenn ich mit Gruppen in der Nha Tho Street absteige, esse ich frühmorgens oft an der Kirche ein Brötchen, noch bevor ich um sieben Uhr die Reisenden mit dem traditionellen, aus **Pho** bestehenden Frühstück wecke. In einer Ecke im Schatten der Kirche verkauft eine freundliche alte Frau knusprige Brötchen *(Banh My)*. Sie hat einen Mini-Ofen mit einem Holzkohlenfeuer, eine kleine Vitrine, in der sie den Belag ausstellt, und eine Mini-Herdplatte mit Pfannen, um darin Omelettes zu backen. Für die Kunden stehen nur zwei Hocker zur Verfügung. Sie serviert mir gern ein leckeres warmes Brötchen mit Ei, Pastete, Frühlingszwiebeln, Gurke und knackigem eingelegtem Rettich-Möhren-Gemüse (**Cu Cai Ca Rot Chua,** Seite 74). Ich liebe die frischen Rettich-Möhren-Pickles. Die Brötchen werden in ein Stück Zeitungspapier eingewickelt.

Etwas weiter um die Ecke findet man das moderne Gegenstück der sympathischen *Banh-My*-Verkäuferin, denn hier liegt eine der besten Metzgereien in ganz Vietnam. Mehr als einmal habe ich mich während meiner Zeit in Vietnam in diesem reizenden Lokal von der vietnamesischen Variante des Steaks mit Pommes frites verführen lassen. *Der Laden besitzt den Charme einer Pariser Metzgerei* und die gleichbleibend gute Qualität ist sein größter Trumpf.

Mein Lieblingsdenkmal in Hanoi ist der Tempel der Literatur, der Van Mieu. Die erste Universität in Vietnam gilt als ein Symbol für die Weisheit und Intelligenz des vietnamesischen Volkes. Ursprünglich studierten hier Mandarine. Es gibt dort Riesenschildkröten aus Stein, in welche die Namen der Absolventen eingemeißelt sind. Später wurde aus der Universität ein Tempel, heute ist es eine Oase der Ruhe in der geschäftigen Stadt.

Während die Gruppe an einer Führung im Tempel teilnahm, konnte ich die freie Zeit nutzen, um an der Ecke ein **Bo La Lot** (Seite 76) zu essen. Ein junges Mädchen grillte die mit Rindfleisch gefüllten Lotblätter auf einem Holzkohlengrill. *Hinter dem Stand war ein kleiner alter Ventilator aufgebaut, mit dem sie die Holzkohle anfachte.* Der Strom kam von einem fest installierten Ventilator, der mit einem einfachen Stück Draht an das öffentliche Stromnetz angeschlossen war.

Nach dem Besuch des Tempels Van Mieu brachte ich die Gruppe, aufgeteilt auf zwei Taxis, zum Markt Hang. Beim Aussteigen zeigte der Zählerstand des einen Taxis dreimal so viel an wie der des anderen. Damals überraschte mich das, aber schnell lernte ich, dass man sorgfältig planen sollte, mit welcher Taxifirma man in Hanoi fährt. Nach dem Marktbesuch lud ich alle zu einer **Bun Bo Nam Bo** (Seite 78) ein, ich selber gönnte mir eine **Bun Dau** (Seite 80), eines meiner Lieblingsgerichte aus Hanoi. Als Nachtisch holte ich dann **Kem Caramel** (Seite 83) auf dem Markt. Alle Touristen, die bis heute mit mir auf kulinarische Entdeckungsreise gegangen sind, habe ich mit diesem typisch französischen Dessert überraschen und entzücken können.

Banh mỹ

BÁNH MỲ PÂTÉ TRỨNG

Baguette mit Omelette-Pasteten-Füllung

Ein herrlich knuspriges, warmes Baguettebrötchen wird mit Zutaten nach Wahl belegt. Die Möglichkeiten sind nahezu unbegrenzt …

2 Eier
50 g Pastete
2 EL Pflanzenöl
2 Baguettebrötchen oder 1 normales Baguette, halbiert
Butter zum Bestreichen
100 g vietnamesische Schweinswurst (Gio Lua, siehe Seite 72)
1 Handvoll eingelegtes Rettich-Möhren-Gemüse (siehe Seite 74)
1 Handvoll Gurke, geputzt und in lange Julienne geschnitten
1 Handvoll Koriander, Blätter und Stängel
Chilisauce (wahlweise)
Salz und schwarzer Pfeffer, frisch gemahlen

1 • Eier in einer Rührschüssel verquirlen, Pastete zerkrümeln und mit den Eiern mischen. Öl in einer kleinen Pfanne erhitzen und aus der Ei-Mischung ein Omelette backen.

2 • Baguettebrötchen kurz unter dem Grill des Backofens erwärmen, damit sie knusprig werden.

3 • Brötchen halbieren und eine Hälfte mit ein wenig Butter bestreichen. Omelette zusammenfalten und das Baguette damit belegen.

4 • Mit vietnamesischer Schweinswurst, eingelegtem Rettich-Möhren-Gemüse, Gurken und Koriander garnieren. Je nach Geschmack mit Chilisauce beträufeln und mit Salz und Pfeffer würzen.

KULTUR & KÜCHE

Ein Newcomer in der Banh-My-Szene sind die Stände mit Banh My Kebab. Die angebotenen Variationen sind enorm. Probieren Sie Banh My mit gegrilltem Rindfleisch, gegrilltem Hähnchen oder Tofu… Eine gute Website für Variationen mit Banh My ist: http://battleofthebanhmi.com

ADRESSE
Bánh Mỳ
Nguyên Sinh
Nr. 17–19 Lý Quốc Sư
Nha Tho Area
Geöffnet von 10.00 bis 20.00 Uhr

GIÒ LỤA

Vietnamesische Schweinswurst

Wer glaubt, feine Würste wären in Asien unbekannt, der liegt völlig falsch. Würste sind ein wichtiger Bestandteil der vietnamesischen Küche. Man findet sie als Brotbelag, Beilage zu gedämpften Reisröllchen und selbst als Einlage in Nudelsuppen.
Hier nun meine Interpretation mit groben Pfefferkörnern und Baumohrpilzen: die vietnamesische Mortadella!

500 g Schweinefleisch, Rippenstück, grob gehackt
200 g Schweinebauchspeck, Fleisch grob gehackt und Schwarte fein gewürfelt
3 EL vietnamesische Fischsauce (Nuoc Mam)
½ TL Zucker
1 TL grobes Meersalz
1 TL Backpulver
1 EL Maniokmehl
3 Baumohrpilze (ersatzweise Mu-Err-Pilze), 30 Minuten eingeweicht, harte Teile entfernt, Hüte fein gehackt
schwarze Pfefferkörner, zerstoßen
1 Bananenblatt von 60 × 25 cm (Asialaden)
½ TL Salz

1 • Schweinehackfleisch mit Schweinebauchspeck (ohne Schwarte), Fischsauce, Zucker und grobem Meersalz in der Küchenmaschine zu einer glatten Paste pürieren. Eventuell noch Backpulver und Maniokmehl über das Fleisch streuen, um ihm eine bessere Festigkeit zu geben.

2 • Mit den Händen Pilze, Pfeffer und kleine Würfel der Bauchschwarte untermischen.

3 • Bananenblatt mit der matten Seite nach oben kurz über einer Flamme erwärmen, bis es weich und biegsam ist.

4 • Bananenblatt mit der matten Seite nach oben auf die Arbeitsfläche legen. Fleisch der Länge nach auf dem Blatt verteilen, dabei rundherum einen 15 cm breiten Rand lassen. Schweinefleisch auf dem Bananenblatt zylinderförmig aufrollen, dabei auf der Hälfte die Seiten (zweimal 15 cm) einschlagen und zu einem geschlossenen Zylinder aufrollen. Falls nötig, die Rolle in ein zweites Bananenblatt wickeln.
Damit die Rolle fest zusammengehalten wird, den harten Rand der Bananenblätter als Faden verwenden und um den Zylinder binden.

5 • Einen großen Topf mit Wasser zum Kochen bringen. ½ TL Salz hineingeben und die Fleischrolle 1 Stunde bei mittlerer Hitze garen. Abkühlen lassen. Bananenblatt entfernen und die Wurst in dünne Scheiben schneiden.

KULTUR & KÜCHE

Das Dorf Uoc Le in Nord-Vietnam ist berühmt für seine Gio Lua. Hier wird sie noch mit Holzstößel und Mörser zubereitet. Es heißt, dass in Uoc Le die Kochzeit der Wurst der Zeit entspricht, in der ein Weihrauchstäbchen, das Wurstlänge hat, verbrennt.

Zwei Spezialitäten aus der Region sind die herrliche Gio Lua mit Zimt und die Gio Lua mit Krebsfleisch.

Gio Lua wird traditionell auch während des Tet-Festes zum vietnamesischen Neujahr gegessen und dann häufig am Familienaltar als Opfer dargebracht.

CỦ CẢI CÀ RỐT CHUA

Eingelegtes Rettich-Möhren-Gemüse

Chua ist das vietnamesische Wort für »sauer«, wie bei Essig oder Limette, und bezieht sich in diesem Gericht auf das Einlegen des Gemüses. Knackiger, eingelegter Daikonrettich ist eine beliebte Beilage zu vielen Gerichten, beispielsweise zu Banh My (belegte Brötchen).

2 Möhren, geschält und in Julienne geschnitten
1 mittelgroßer Daikon-Rettich[6], geschält und in Julienne geschnitten
1½ TL grobes Salz
5 EL Zucker
¼ l Reisessig

1 • Möhren und Daikon-Rettich mit Salz bestreuen, um die überschüssige Flüssigkeit herauszuziehen. 30 Minuten stehen lassen und dann unter laufendem Wasser abspülen.

2 • Eine Portion Rettich und etwas Möhren-Julienne auf ein Küchentuch legen und die Feuchtigkeit herausdrücken. Mit den restlichen Möhren und dem restlichen Rettich ebenso verfahren. Möhren und Rettich sollten keine Feuchtigkeit mehr enthalten. So bleibt das eingelegte Gemüse auf jeden Fall knackig.

3 • Zucker und Essig im Topf bei niedriger Hitze einkochen. Topf von der Herdplatte nehmen und abkühlen lassen.

4 • Möhren und Rettich in ein gut verschließbares Gefäß füllen und mit der Essig-Zucker-Mischung übergießen. Deckel fest verschließen und das Gefäß für mindestens 2 Wochen in den Kühlschrank stellen.

[6] Daikonrettich ist der in der japanischen und ostasiatischen Küche verwendete Rettich, der unserem weißen, großen Rettich entspricht.

BÒ LÁ LỐT

Gegrilltes Rindfleisch im Lotblatt

Ich aß das Gericht einmal mit Büffelfleisch anstelle von Rindfleisch an einem Bia Hoi-Stand in Hanoi. Es wurde nicht über dem Holzkohlengrill gegart, sondern man setzte uns eine Grillpfanne auf den Tisch, und wir konnten die aufgerollten Fleischstücke selbst grillen. Es wurde ein sehr geselliges Festmahl!

Bo La Lot ist auch Bestandteil von »Rindfleisch auf siebenerlei Weise«, einer klassischen und sehr beliebten Mahlzeit in vietnamesischen Restaurants.

250 g Rinderhackfleisch
2 Knoblauchzehen, geschält und fein gehackt
1 Zwiebel, geschält und fein gehackt
2 Zitronengrasstängel, nur das innere Weiße, fein gehackt
2 EL vietnamesische Fischsauce (Nuoc Mam)
1 EL Zucker
1 EL Currypulver
½ TL schwarzer Pfeffer, frisch gemahlen
¼ TL Salz
30 Lot- oder Betelblätter[7]
Holzspieße (20 cm), 30 Min. in Wasser eingeweicht

FÜR DIE GARNITUR
Salatblätter
frische Kräuter, z.B. Koriander, Thai-Basilikum, Minze, Shiso[8]
1 EL geröstete Erdnüsse, grob zerstoßen
1 große rote Chilischote, entkernt und in Julienne geschnitten
Frühlingszwiebelöl (siehe Seite 188)
Nuoc Cham (siehe Seite 187)

1 • Rinderhackfleisch mit Knoblauch, Zwiebel und Zitronengras mischen und mit Fischsauce, Zucker, Currypulver, Pfeffer und Salz würzen.

2 • Lot- oder Betelblatt mit der glänzenden Seite nach unten auf die Arbeitsfläche legen, 1 EL der Hackfleischmischung daraufgeben und das Blatt aufrollen. Auf einen Holzspieß stecken. Ein zweites Blatt füllen und aufrollen. Ebenfalls auf den Holzspieß stecken. Auf jeden Holzspieß insgesamt vier Röllchen stecken.

3 • Holzspieße mit den gefüllten Blättern auf dem Holzkohlengrill 5 Minuten garen.

4 • Röllchen von den Holzspießen streifen und mit Salat und Kräutern anrichten. Mit Erdnüssen und Chili-Streifen bestreuen und mit Frühlingszwiebelöl beträufeln. Etwas Nuoc Cham zum Dippen dazu servieren.

[7] Lotblätter stammen von der Pflanze Piper Lolot, Betelblätter sind mit ihr botanisch verwandt und stammen von Piper betel. Beides ist in manchen Asialäden zu bekommen, alternativ können auch Weinblätter verwendet werden.

[8] siehe Seite 54

KULTUR & KÜCHE

Grillen auf dem Holzkohlengrill gehört zu den gebräuchlichen Zubereitungsmethoden der vietnamesischen Küche. Für dieses Gericht benötigen Sie ganz frische Lot- oder Betelblätter, sonst verkohlen sie auf dem Grill. Ersatzweise die Blätter mit einigen Esslöffeln Öl in der Pfanne anbraten oder (als weniger fettige Variante) im Backofen grillen.

Betelblätter werden in Südostasien bereits seit Jahrhunderten angebaut. Sie enthalten einen hohen Anteil an Antioxidanzien und werden in Arzneimitteln verarbeitet. Sie fördern die Verdauung, beugen schlechtem Atem vor und werden in Indien als Aphrodisiakum angesehen. Betel- bzw. Arkeanüsse sowie die Blätter werden wie Kaugummi gekaut. Der Wirkstoff der Pflanze wirkt anregend, führt aber auch zu schlechten Zähnen. Heute kauen nur noch wenige ethnische Minderheiten oder Bergvölker die Nüsse und Blätter.

Auf vietnamesischen Hochzeiten kommt Betelblättern eine symbolische Bedeutung zu. Der Ausdruck Chuyen traucau (die Sache von Betelblatt und Betelnuss) verweist auf die Zusammengehörigkeit oder die Hochzeit. Der Bräutigam übergibt der Familie der Braut deshalb auch Betelblätter und -nüsse.

BÚN BÒ NAM BỘ

Reis-Vermicelli mit Rindfleisch

Dieses Gericht stammt ursprünglich aus Süd-Vietnam, ist aber auch in Hanoi sehr beliebt.

2 Zitronengrasstängel, nur das innere Weiße, fein gehackt
2 Knoblauchzehen, geschält und zerstoßen
2 EL vietnamesische Fischsauce (Nuoc Mam)
400 g Rindfleisch, küchenfertig, in Streifen geschnitten
2 EL Pflanzenöl
1 Zwiebel, geschält und in feine Ringe geschnitten
½ TL weißer Pfeffer, frisch gemahlen
¼ TL Salz
1 Handvoll Sojabohnensprossen
200 g Reis-Vermicelli, 4–5 Minuten gekocht, kalt abgespült und abgetropft

FÜR DIE GARNITUR
knackige Salatblätter
frische Kräuter, z.B. Koriander, Thai-Basilikum, Shiso[9]
2 EL geröstete Erdnüsse, grob zerstoßen
Sojabohnensprossen
2 EL frittierte Schalotten
½ Salatgurke, in dünnen Scheiben
2 EL Nuoc Cham (siehe Seite 187)

1 • Aus der Hälfte des Zitronengrases und Knoblauchs sowie der Fischsauce eine Marinade bereiten und das Rindfleisch 30 Minuten darin ziehen lassen.

2 • 2 EL Öl im Wok leicht erwärmen und Zwiebel, restlichen Knoblauch und restliches Zitronengras darin andünsten. Rindfleisch einige Minuten unter Rühren darin braten, bis das Fleisch gar ist. Mit Salz und Pfeffer würzen, Sojabohnensprossen vorsichtig untermengen.

3 • 1 Handvoll Salatblätter und Kräuter in Suppenschalen anrichten und die Nudeln daraufgeben. Zum Schluss das Rindfleisch auflegen.

4 • Mit Erdnüssen, Sojabohnensprossen und frittierten Schalotten bestreuen, mit etwas Nuoc Cham abschmecken und mit Gurkenscheiben garnieren. Noch lauwarm servieren.

ADRESSE
Bún Bò Nam Bộ
Nhà Hàng Bach-Phuong
Nr. 67 Hàng Điếu
Old Quarter
Schräg gegenüber des Marktes Dong Ha
Geöffnet von 11.00 bis 16.00 Uhr

[9] siehe Seite 54

Milux

BÚN DẬU

Nudeln mit frittiertem Tofu

Leckere Gerichte müssen nicht schwierig in der Zubereitung sein. Die Einfachheit und der Geschmack von frischem Tofu machen dieses Gericht zu einem wunderbar ausgewogenen Mittagessen.

400 g Tofu
4 EL Mehl
Öl zum Frittieren
200 g Reis-Vermicelli, 4–5 Minuten gekocht, kalt abgespült und abgetropft, in leicht angetrocknetem Zustand zu 3 cm großen Würfeln zusammengepresst

FÜR DIE GARNITUR
knackige Salatblätter
frische Kräuter, z.B. Koriander, vietnamesischer Koriander (Rau Ram[10]), Shiso[11], Thai-Basilikum
Mam Tom (siehe Seite 188)

1 • Tofu in 3 Zentimeter große Würfel schneiden und trocken tupfen.
2 • Mehl in eine Rührschüssel geben und die Tofuwürfel darin wenden.
3 • Öl erhitzen und Tofuwürfel im Öl goldbraun frittieren.
4 • Tofu zusammen mit Nudeln, Salat, frischen Kräutern und Mam Tom servieren.

KULTUR & KÜCHE

Das Gericht wird manchmal auch mit gedämpftem Schweinefleisch oder Tintenfisch zubereitet. In Hue habe ich eine Variante mit sehr scharfer Mam-Tom-Sauce gegessen.

[10] siehe Seite 57
[11] siehe Seite 54

KEM CARAMEL

Karamellcreme mit Kokosmilch

In Vietnam ist es nicht üblich, ein Dessert zum Abschluss einer Mahlzeit zu essen. Obst, wenn überhaupt, dann mit einem Salz-Chili-Dip serviert, ist das Dessert par excellence. Als Dessert hat sich die ursprünglich von den Franzosen eingeführte Crème Caramel jedoch ihren festen Platz als Abschluss eines üppigen Essen erobert – im Norden als Kem Caramel, im Süden als Bánh Flan oder Bánh Caramel.

5 EL Zucker
60 ml heißes Wasser
250 ml Kokosmilch
250 ml Milch
5 EL Zucker
1 TL Vanille-Extrakt (natürliche Vanilleessenz)
4 Eier

8 ofenfeste Souffléförmchen

1 • Zucker im Topf erhitzen. Wasser zugießen und rühren, bis sich der Zucker aufgelöst hat und leicht zu karamellisieren beginnt. Sollte die Karamellsauce zu dick werden, noch vorsichtig etwas (heißes) Wasser hinzufügen.
2 • 2 EL Karamell in jedes Förmchen füllen.
3 • Backofen auf 175 °C vorheizen.
4 • Kokosmilch, Milch und Zucker in einem Topf erhitzen. Unter ständigem Rühren mit dem Vanille-Extrakt zum Kochen bringen. Sobald sich der Zucker aufgelöst hat, den Topf von der Herdplatte nehmen und abkühlen lassen.
5 • Eier in einer großen Schüssel verquirlen. Unter Rühren die Kokosmischung hinzufügen. Die Mischung durch ein Sieb gießen, um eventuelle Klümpchen zu entfernen.
6 • Die Mischung in die mit Karamell versehenen Förmchen geben.
7 • Förmchen in eine Fettpfanne setzen. So viel heißes Wasser einfüllen, dass die Förmchen bis zur Hälfte darin stehen. Im vorgeheizten Backofen etwa 40 Minuten garen.
8 • Aus dem Backofen nehmen und mindestens 3 Stunden abkühlen lassen.
9 • Auf kleinen Tellern servieren. Dazu die Creme mit einem dünnen Messer vom Rand lösen und die Creme auf kleine Teller stürzen.

KULTUR & KÜCHE

Das Dessert ist ein gutes Beispiel für die vietnamesische Fusion-Küche. Die Creme ist ein typisches Gericht aus dem Süden. Zubereitet auf französische Art, erhält es durch die Kokosnuss eine vietnamesische Note. Eventuell zwei angequetschte Zitronengrasstängel in der Kokosmilch mitkochen und anschließend wieder entfernen. Das verleiht der Creme ein frisches Aroma.

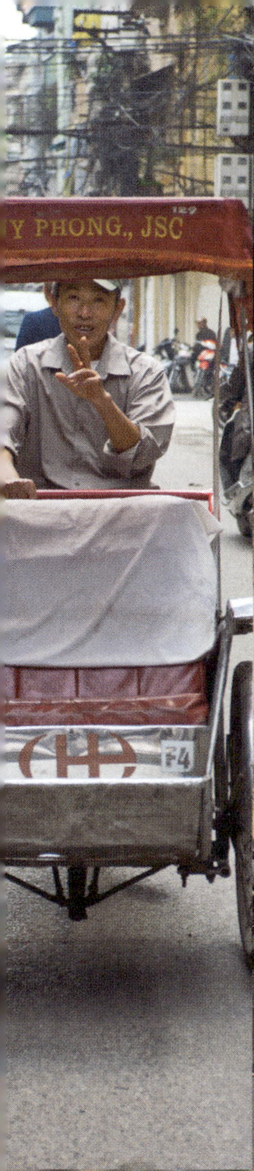
Y PHONG., JSC

Ein kulinarischer Spaziergang durch die Altstadt

Unser Spaziergang startet im nördlichen Teil der Altstadt am zentral gelegenen Markt Don Xuan. Das ursprüngliche Gebäude wurde 1889 errichtet, doch 1994 durch einen Großbrand völlig vernichtet. Auf diesem Markt fanden im Winter 1946 heftige Kämpfe zwischen vietnamesischen Freiheitskämpfern und den französischen Truppen statt. Nach jahrelanger Besetzung durch die Japaner im Zweiten Weltkrieg forderten die Franzosen Hanoi wieder zurück. Erst acht Jahre später verließen die Franzosen endgültig Vietnam. An der Vorderseite des Marktes steht ein Denkmal, das an das Ereignis erinnert.

Auch der Gewürzmarkt von Hanoi wird Don Xuan genannt. Frisches Gemüse, Obst, Fisch oder Fleisch gibt es auch auf den Märkten in den verschiedenen Stadtvierteln, doch für getrocknete Zutaten, Gewürze und kandierte Früchte ist Don Xuan die beste Adresse. Am Haupteingang werden Schuhe und Kleidung feilgeboten. Die Abteilung mit getrocknetem Fisch und Gewürzen befindet sich im zweiten Teil, etwa 50 Meter weiter. Immer, wenn ich in Hanoi bin, kaufe ich hier ein paar Kilo frische Chilischoten, Sternanis und Koriandersamen. Die Zimtstangen nehme ich als Deko-Material mit. Der Duft der großen Säcke mit Sternanis, Chilischoten und getrocknetem Fisch nimmt einen gefangen. Der Markt ist in gewissem Maße eher touristisch; weiter hinten gibt es einen Parkplatz für die mit Elektromotor betriebenen Golfwagen, mit denen die Touristen sicher durch die Altstadt gelotst werden.

Echte Garküchen sind auf dem Markt nicht zu finden. Nur abends steht entlang der Hang Khoai noch eine bunte Ansammlung von Garküchen, die bis kurz vor Mitternacht Hotpots (*Lau*) servieren. An grauen, oft kalten Wintertagen ist dieses Schmorgericht bei den Einwohnern Hanois sehr beliebt. Heutzutage findet an jedem Wochenende ein Nachtmarkt statt, der sich vom Don Xuan, weiter entlang der Hang Doung bis hinunter zum See Hoa Kiem zieht.

An der östlichen Marktseite gibt es eine kleine Fischabteilung und etwas weiter, an der Außenseite des Marktes, preisen Händler Gemüse, Obst, Blumen und frische Kräuter an. Für Kochgeschirr, Besteck, Teller und Hunderte anderer Kochutensilien sind Hang Khoai und die Gassen in der zweiten Reihe die richtige Adresse.

Wenn man südlich des Marktes in die Cau Dong Street einbiegt, liegt etwa auf halber Höhe auf der linken Seite eine Gasse mit Garküchen namens Cho Dong Xuan. In dieser Gasse kann man zu jeder Tageszeit mehr als zwanzig verschiedene Streetfood-Gerichte essen. Auf halber Höhe der Straße steht auf der linken Straßenseite eine sehr nette Dame, die Nudeln mit Krebsen oder Nudeln mit Schnecken (**Bun Rieu/ Bun Oc,** Seite 90) serviert. Man kann auf niedrigen Holzbänken Platz nehmen. Sie freut sich immer über meinen Besuch. Wenn ich meine Brühe ausgeschlürft habe und noch Nudelreste in der Schale sind, füllt sie immer mit größtem Vergnügen noch etwas Brühe nach. In der Türöffnung auf der anderen Seite verkauft ein Mädchen frittierte Bällchen aus Reisteig (**Banh Ran,** Seite 92). *Banh Ran* gibt es in zwei Varianten: Die salzige ist mit Hackfleisch, Nudeln und Pilzen gefüllt *(Banh Ran Man),* während die süße eine Füllung aus grünen Mungbohnen und/oder Kokos (*Banh Ran Ngot*) hat. Die süßen Bällchen erkennt man an ihrem Sesammantel.

Am Ende der Straße, eigentlich auf dem Trottoir der Hang Chieu, steht ein schüchternes Mädchen, das südvietnamesische Pfannkuchen (**Banh Beo,** Seite 95) und die vietnamesische Variante der indischen Knuspertaschen Samosa (**Banh Goi,** Seite 96) backt. Manchmal bietet sie auch kleine Päckchen an, die mit Garnelen und Schweinefleisch gefüllt sind (**Cuon Tom Ha Noi,** Seite 99). Auch das ist ein traditionelles Gericht. In der Hang Cieu Street werden auch Matten verkauft, denn früher ging man hier der Kunst des Mattenflechtens nach.

Wenn Sie 200 Meter weiter nach links laufen, dann kommen Sie automatisch zu einem der wenigen noch bestehenden und renovierten Tore der Altstadt. Etwa um 1010 entstand die Altstadt im Schatten der Zitadelle von Hanoi. Nach tausend Jahren chinesischer Herrschaft machte Kaiser Ly Thai To die Stadt Hanoi zur Hauptstadt des Landes. Handwerker ließen sich im Viertel nieder und schlossen sich in Gilden zusammen. Noch heute sieht man mehr oder weniger, dass jedes Handwerk seine eigene Straße hat.

Biegen Sie am alten Stadttor rechts ab, dann kommen Sie zur Dao Duy Tu. Weiter über die Kreuzung Cho Gao hinweg, finden Sie auf der rechten Seite, genau gegenüber eines Teestandes und nicht weit von einem Straßenfriseur, eine meiner Lieblings-Garküchen, die **Banh Cuon** (Seite 101) anbietet. Hier kann man die köstlichen Rollen aus Reisteigcrêpes, die mit einer Mischung aus Hackfleisch und Shiitake-Pilzen gefüllt sind, kaufen. Ein alter Mann sitzt auf seinem Hocker und dämpft ununterbrochen ein Reispapier nach dem anderen. Von ihm geht die natürliche Ruhe eines Mannes aus, der seit Jahrzehnten nichts anderes macht. Probieren Sie *Banh Cuon Trung*, die Variante mit Ei.

Ein Erfrischungsgetränk bekommen Sie auf der anderen Straßenseite. Als ich einmal die freundliche Frau fragte, wie viele Gläser Tee sie täglich verkaufte, wusste sie keine Antwort darauf. Ich schätze, es sind bestimmt tausend am Tag. Viele junge Leute kommen hierhin um zu entspannen und erfrischen sich mit einem herrlichen Limettentee. Ab elf Uhr morgens wird auch **Che Chuoi** (Seite 104) serviert: ein süßes Dessert aus Kokos, Banane und Tapioka. Es wird auf Wunsch mit einer Schüssel Eiswürfeln serviert, um dieses vorzügliche Dessert gekühlt zu essen.

Midea
70 100 130 160 180 210 240 270°C
120 500 800 1000 1300 1600 1800
Braise
Boil
Fry
Deep Fry

LẨU HẢI SẢN

Vietnamesisches Fischfondue

In den kühleren Wintermonaten versammeln sich Familie und Freunde rund um einen dampfenden Topf, in dem Fleisch, Fisch oder beides gart. Dieses Gericht chinesischen Ursprungs hat mit unserem westlichen Fondue wenig gemein. Ich bevorzuge ein Lau mit Meeresfrüchten. Die kurze Garzeit verspricht einen unverfälschten Geschmack.

2–3 l klare Hühner-/Pouletbrühe
1 EL vietnamesische Fischsauce (Nuoc Mam)
1 TL Zucker
¾ kg fester weißer Fisch, z.B. Seeteufel, Rotbarsch, Seewolf
½ kg frische Muscheln, 1 Stunde in kaltem Wasser eingelegt und gesäubert
¼ kg Tintenfischringe, küchenfertig
20 Garnelen, geschält und vom Darm befreit
200 g Venusmuscheln
verschiedene Gemüsesorten: z.B. 1 kleiner Kohlkopf/Kabis, geviertelt; 1 kleiner Pakchoi (ersatzweise Mangold); chinesischer Brokkoli (ersatzweise Brokkoli); chinesischer Sellerie (ersatzweise Staudensellerie)
200 g Glasnudeln, gekocht und abgeschreckt

FÜR DIE GARNITUR
1 Handvoll Koriander
1 Thai-Chilischote, entkernt und in Ringe geschnitten
helle Sojasauce

1 • 2 Liter Brühe aufkochen und mit Fischsauce und Zucker würzen.
2 • Alle Zutaten in mundgerechte Stücke schneiden und auf Tellern anrichten.
3 • Glasnudeln auf Suppenschalen verteilen.
4 • Topf mit der kochenden Brühe auf einen Gaskocher oder eine elektrische Kochplatte stellen und auf den Tisch setzen.
5 • Fisch und Meeresfrüchte nach Belieben hinzufügen, dabei die Garzeit der einzelnen Zutaten beachten. Einige Sorten müssen nur kurz in die heiße Brühe getaucht werden.
6 • Etwas Brühe und mitgegarte Zutaten über die Nudeln schöpfen und mit Koriander und anderen Kräutern nach Wahl garnieren. Mit Chili und/oder Sojasauce abschmecken.
7 • Je länger die Brühe kocht und je mehr Zutaten darin gegart werden, desto intensiver wird der Geschmack der Brühe. Bei Bedarf mit frischer Brühe nachfüllen.

KULTUR & KÜCHE

Das Fondue wird im Topf auf einem Gaskocher am Tisch serviert, aber ein »Dampfgrill« ist ebenso gut geeignet. Dies ist eine Art Schüssel mit einer Mulde in der Mitte, in welche die Holzkohle kommt. Auf dem Tisch macht sich der Dampfgrill sehr dekorativ. Shiitake-Pilze passen gut zu Rindfleisch oder Tofu. Lau Canh Chua ist eine süß-saure Variante mit Ananasscheiben und Tomaten.

BÚN RIÊU/BÚN ỐC

Nudelsuppe mit Krebsen/ Nudelsuppe mit Schnecken

Bun Rieu ist eine saure Suppe auf Tomatenbasis, gehaltvoller wird sie durch fein-süßlich schmeckende Landkrebse, die auf den Reisfeldern leben. Bun Oc wird fast genauso zubereitet, statt Krebsen werden für diese Suppe 200 g Meeresschnecken verwendet.

1 Krebs à ca. 500 g, küchenfertig
3 l Hühner-/Pouletbrühe
1 EL vietnamesische Fischsauce (Nuoc Mam)
1 EL Zucker
½ TL Salz
200 g Tofu, in 3 cm große Würfel geschnitten und frittiert (siehe Seite 80)
200 g Reis-Vermicelli, 4–5 Minuten gekocht, kalt abgespült und abgetropft

SAUCE

3 Frühlingszwiebeln, geputzt und in Ringe geschnitten
1 mittelgroße Zwiebel, geschält und fein gehackt
3 Knoblauchzehen, geschält und fein gehackt
1 EL Öl
200 g Krebsfleisch
1 EL Garnelenpaste
200 g Tomatenpassata

FÜR DIE GARNITUR

200 g Sojabohnensprossen
4 Frühlingszwiebeln, geputzt und in Ringe geschnitten
knackige Salatblätter
frische Kräuter, z.B. Koriander, Minze, große Shiso-Blätter[12], Thai-Basilikum, fein gehackt
1 unbehandelte Limette, geviertelt
300 ml Nuoc Cham und/oder Mam Tom (siehe Seite 187 und 188)

1 • Für die Sauce Frühlingszwiebeln, Knoblauch und Öl bei niedriger Hitze andünsten, Krebsfleisch und Garnelenpaste hinzufügen und bei niedriger Hitze braten, bis die Garnelenpaste duftet. Tomaten zugeben und kurz einkochen lassen.

2 • Den Krebs in kochendem Wasser kochen und die Schalen entfernen. Scheren und Beine mit einem Messer abtrennen, Fleisch herauslösen und beiseitestellen.

3 • Hühnerbrühe mit Fischsauce, Zucker und etwas Salz würzen. Tomatensauce zur Brühe geben. Krebsstücke hineingeben, aber die Brühe nicht mehr kochen lassen.

4 • Nudeln, Krebsfleisch und Tofu in Suppenschalen füllen und mit der Brühe großzügig übergießen. Mit Sojabohnensprossen, Frühlingszwiebeln, Salatblättern, frischen Kräutern, Limettenvierteln, Nuoc Cham und/oder Mam Tom servieren.

KULTUR & KÜCHE

Diese Suppe wird häufig auch mit Bananen- oder Tarostücken (Wasserbrotwurzel) serviert.

[12] siehe Seite 54

LOVE

BÁNH RÁN

Frittierte Bällchen mit Mungbohnen-Kokos-Füllung

FÜLLUNG

100 g grüne Mungbohnen
100 g Zucker
2 EL Pflanzenöl
50 g frisches Kokosfleisch
½ TL Vanille-Extrakt

TEIG

75 g Kartoffeln
450 g Klebreismehl
100 g Reismehl
2 TL Backpulver
400 ml Wasser
200 g Zucker
1 TL Pflanzenöl
4 EL weiße Sesamsamen, geröstet

Öl zum Frittieren

1 • Für die Füllung die Bohnen 2 Stunden in Wasser einweichen.

2 • Eine ausreichende Menge Wasser im Topf zum Kochen bringen und die Bohnen darin weich kochen. Gut abtropfen lassen, anschließend pürieren.
In einer Rührschüssel Bohnenpüree mit Zucker mischen.

3 • Öl in einer Pfanne erhitzen und die Bohnen-Zucker-Mischung mit dem Kokosfleisch und dem Vanille-Extrakt unter Rühren im heißen Öl braten.

4 • Für den Teig Kartoffeln schälen und gar kochen. Kartoffeln durch die Flotte Lotte / Passevite drücken.

5 • In einer Rührschüssel die beiden Mehlsorten und das Backpulver mischen. Wasser und Zucker in einem Topf erhitzen und zu einem dicken Sirup einkochen lassen. Kurz abkühlen lassen.

6 • Mit einem Holzlöffel Sirup und Mehlmischung verrühren.

7 • Kurz abkühlen lassen, Kartoffelpüree und Öl hinzufügen und alle Zutaten zu einem glatten, klebrigen Teig verrühren.

8 • Hände anfeuchten und aus dem Teig kleine golfballgroße Bällchen formen. Die Teigbällchen flach drücken, ein wenig von der Bohnenmischung in die Mitte geben und den Teig wieder zu kleinen Bällchen formen. Bällchen im Sesamsamen wenden.

9 • Öl zum Frittieren in einem Topf erhitzen und die Bällchen etwa 10 Minuten bei 175 °C frittieren. Sie sind fertig, wenn sie an die Oberfläche steigen.

ADRESSE

Bánh Rán/Bánh Goi
Quan Goc Da
Nr. 52 Ly Quoc Su
Nha Tho Area
Geöffnet von 10.00 bis 18.00 Uhr

KULTUR & KÜCHE

Banh Ran ist in zwei Varianten erhältlich: Die salzigen Bällchen werden mit Hackfleisch, Nudeln und Pilzen (Bánh Rán Man) gefüllt, während die süße Variante eine Füllung aus grünen Mungbohnen und/oder Kokos (Bánh Rán Ngot) enthält. Die süßen Bällchen sind leicht an ihrem Sesammantel zu erkennen.

ADRESSE
Bánh Xèo
Nr. 22 Hàng Bồ
Old Quarter
Achten Sie auf das Lokal mit den vielen Pfannen und Holzkohlengrills.
Geöffnet von 14.00 bis 19.00 Uhr

BÁNH BÈO

Gefüllte Garnelen-Pfannkuchen

Eine Spezialität aus Ho-Chi-Minh-Stadt, aber mit etwas Suchen auch in Hanoi zu finden.

TEIG

200 g Reismehl, **400 ml** Wasser
400 ml dicke Kokosmilch, **1 TL** Zucker
½ EL Kurkumapulver, **½ TL** Salz
3 Frühlingszwiebeln, geputzt und in Ringe geschnitten

FÜLLUNG

4 EL Pflanzenöl
2 Zwiebeln, geschält und in Ringe geschnitten
125 g Schweinefleisch, küchenfertig und in Streifen geschnitten
250 g Garnelen, geschält und vom Darm befreit
200 g Sojabohnensprossen
10 weiße Champignons, geputzt und in Streifen geschnitten

FÜR DIE GARNITUR

große Salatblätter, gewaschen und abgetropft
1 Handvoll Kräuter, z.B. Koriander, Minze, Thai-Basilikum
300 ml Nuoc Cham (siehe Seite 187)

1 • Reismehl, Wasser, Kokosmilch, Zucker, Kurkuma und Salz in eine Rührschüssel geben und gut verrühren. Frühlingszwiebeln hinzufügen.

2 • 1 EL Pflanzenöl in einer Pfanne mit beschichtetem Boden stark erhitzen. Für die Füllung Zwiebeln, Schweinefleisch und Garnelen unter Rühren im Öl braten.

3 • ½ Schöpflöffel Teig in eine weitere mit Öl versehene, heiße Pfanne geben. Pfanne schwenken, damit der Boden mit dem Teig gleichmäßig bedeckt ist. Aus dem Teig einen festen Pfannkuchen backen.

4 • Eine Hälfte des Pfannkuchens mit der Füllung, den Sojabohnensprossen und Pilzen bestreuen. Hitze reduzieren. Einen Pfannendeckel schräg auflegen, damit der Dampf noch entweichen kann, und noch 1 Minute fertigbacken.

5 • Nun die andere Hälfte des Pfannkuchens über die Füllung schlagen und den Pfannkuchen aus der Pfanne heben.

6 • Diese Pfannkuchen werden häufig in ein Salatblatt gewickelt gegessen. Den Pfannkuchen mit Kräutern bestreuen und in Nuoc Cham dippen.

KULTUR & KÜCHE

In Hue in Zentralvietnam gibt es eine kleinere Variante dieses Pfannkuchens, die den klingenden Namen »happy pancake« (Banh Khoai) trägt. Dieser Pfannkuchen wird mit einer Sauce aus fermentierten Sojabohnen angeboten.

BÁNH GỐI

Frittierte Teigtaschen mit Glasnudel-Pilz-Füllung

TEIG

4 EL Pflanzenöl
240 mg Mehl, gesiebt
4 EL Wasser
1/2 TL Salz

FÜLLUNG

2 EL Pflanzenöl
1 Knoblauchzehe, geschält und zerstoßen
200 g Schweinehackfleisch
4 getrocknete Baumohrpilze (ersatzweise Mu-Err-Pilze), 30 Minuten in Wasser eingeweicht, harte Teile entfernt, Hüte in Julienne geschnitten
1 Handvoll Glasnudeln, ca. 20 Minuten in Wasser eingeweicht
1 Handvoll Kohlrabi oder Möhre, geschält und fein geraspelt
1 EL vietnamesische Fischsauce (Nuoc Mam)
½ TL Zucker

Öl zum Frittieren

1 • Für den Teig 4 EL Öl mit dem Mehl zu einer krümeligen Masse verrühren. Nun 4 EL Wasser hinzufügen und den Teig zu einer festen Kugel verarbeiten.

2 • Salz dazugeben und den Teig 10 Minuten gut durchkneten. Den glatten Teig 30 Minuten bei 50 °C im Backofen ruhen lassen.

3 • Für die Füllung in der Zwischenzeit 2 EL Öl im Wok erhitzen und die Knoblauchzehe darin anschwitzen. Schweinehackfleisch hinzufügen. Sobald das Fleisch krümelig und grau ist, die übrigen Zutaten dazugeben. Mit Fischsauce und Zucker würzen und beiseitestellen.

4 • Ein golfballgroßes Stück vom Teig abnehmen und die Teigkugel auf der bemehlten Arbeitsfläche zu einer 10 Zentimeter großen Scheibe flach auswellen.

5 • In die Teigmitte 2 EL Füllung geben. Die Teigscheibe zusammenklappen (wie einen Halbmond) und an den Rändern gut festdrücken. Mit den Fingern oder einer Gabel einen Rand formen. Die Menge ergibt 6 Teigtaschen.

6 • Die Küchlein von beiden Seiten in 3 Minuten goldbraun frittieren.

CỬA Ô QUAN CHƯỞNG
DI TÍCH LỊCH SỬ
ĐÃ XẾP HẠNG

CUỐN TÔM HÀ NỘI

Hanoier Garnelen-Schweinefleisch-Päckchen

8 lange Frühlingszwiebeln, geputzt, nur grüne Abschnitte
8 EL Reiswein
3 EL Zucker
geröstete Erdnüsse, fein zerstoßen
8 knackige Salatblätter
100 g Reis-Vermicelli, 4–5 Minuten gekocht, kalt abgespült und abgetropft
1 Handvoll Pfefferminzblätter
Omelette aus 2 Eiern, in Streifen von 1 × 5 cm geschnitten
100 g vietnamesische Schweinswurst (Gio Lua), in Streifen von 1 × 5 cm geschnitten
100 g Schweinespeck, gekocht und in Streifen von 1 × 5 cm geschnitten
1 große Chilischote, entkernt und in Julienne geschnitten
10 Garnelen, gekocht, geschält und vom Darm befreit

1 • Die grünen Abschnitte der Frühlingszwiebeln in heißem Wasser blanchieren, anschließend mit Eiswasser abschrecken.
2 • Reiswein mit Zucker einkochen lassen und Erdnüsse hinzufügen.
3 • Die grünen Abschnitte der Frühlingszwiebel auf die Arbeitsfläche legen und darauf ein Salatblatt platzieren. Darauf Nudeln, Minze, Omelettestreifen, Wurst, Speck, Chili und Garnele auf dem Salatblatt aufhäufeln.
4 • Alles mit der Reisweinmischung beträufeln.
5 • Nun die Frühlingszwiebel nach oben falten. Um das Päckchen zu verschließen, die Enden der Frühlingszwiebel an der Oberseite des Päckchens zusammenbinden.

BÁNH CUỐN

Gefüllte Crêpesrollen aus Reisteig

Wörtlich übersetzt heißt Banh Cuon »gerollter Kuchen«. Traditionell werden diese gehaltvollen, aber leicht verdaulichen Rollen zum Frühstück serviert, heute werden sie häufig auch als kleine Abendmahlzeit angeboten. Original wird dafür frisch gedämpftes Reispapier verwendet.

TEIG

125 g Reismehl
125 g Maniokmehl
¼ Prise Salz
¾ l kaltes Wasser

FÜLLUNG

2 EL Pflanzenöl
4 kleine Schalotten, geschält und fein gehackt
1–2 Knoblauchzehen, geschält und fein gehackt
6 getrocknete Baumohrpilze (ersatzweise Mu-Err-Pilze), 30 Minuten in Wasser eingeweicht, harte Teile entfernt und Hüte fein gehackt
300 g Schweinehackfleisch
1 EL vietnamesische Fischsauce (Nuoc Mam)
¼ TL Zucker
schwarzer Pfeffer, frisch gemahlen (nach Geschmack)

FÜR DIE GARNITUR

250 ml Nuoc Cham (siehe Seite 187)
frische Kräuter, z.B. Minze, Koriander etc.
Gurken, geputzt und in Julienne geschnitten (wahlweise)
1 Handvoll Sojabohnensprossen (wahlweise)
50 g Schalotten, geschält, fein gewürfelt und frittiert
1 große rote Chilischote, geputzt, entkernt und in feine Julienne geschnitten (wahlweise)
vietnamesische Schweinswürste (Gio Lua)

1 • Für den Teig beide Mehlsorten mit Salz in einer Schüssel mischen. Die Hälfte des Wassers zugießen und alle Zutaten zu einem glatten Teig verrühren.

2 • Das restliche Wasser zugeben, aber nicht unterrühren.

3 • Für die Füllung Öl in einer Pfanne erwärmen und Schalotten bei niedriger Hitze darin anschwitzen. Anschließend Knoblauch zugeben und mitschmoren, bis der Knoblauch Farbe nimmt.

4 • Pilze hinzufügen und einige Minuten braten, bis sie sich mit Schalotten und Knoblauch vermischt haben. Zum Schluss Schweinefleisch in die Pfanne geben und gut durchbraten. Mit Fischsauce, Zucker und Pfeffer würzen.

>>> Fortsetzung siehe Folgeseite >>>

5 • Für die Crêpes die durchgezogene Mehlmischung mit dem restlichen Wasser gut verrühren. Pflanzenöl in einer Pfanne mit beschichtetem Boden bei mittlerer Hitze erwärmen. Teig für einen dünnen Pfannkuchen in die Pfanne schöpfen. Pfanne leicht schwenken, damit sich der Teig gleichmäßig verteilt. Deckel auflegen. Den Reisteigcrêpe je nach Dicke etwa 1 Minute backen. Pfannkuchen mit einer zügigen Bewegung auf einen feuchten Teller stürzen.

6 • Füllung großzügig auf dem Crêpe verteilen, dabei einen 5 cm breiten Rand lassen. Den Rand nach innen einschlagen und den Crêpe aufrollen.

7 • Gefüllte Crêpesrollen mit der Sauce beträufeln und mit frischen Kräutern, Gurken, Sojabohnensprossen, frittierten Schalotten und Chilistreifen bestreuen. Lauwarm mit Nuoc Cham und vietnamesischen Schweinswürsten servieren.

KULTUR & KÜCHE

Diese dünnen »Pfannkuchen« werden auch heute noch auf traditionelle Weise über einem mit Wasser gefüllten Dampftopf gedämpft, über den ein Leinentuch gespannt ist. Eine Pfanne mit beschichtetem Boden ist eine gute Alternative.

Das Schweinefleisch kann auch durch Hähnchen/Poulet ersetzt werden.

Wie immer ist auch hier Nuoc Cham unverzichtbar. Der Nuoc-Cham-Sauce, die zum Banh Cuon serviert wird, fügt man häufig noch einige Tropfen des Drüsensekrets eines Wasserkäfers (Ca Cuong, siehe auch Seite 52 f.) als zusätzliches Aroma zu. Das Duftsekret wird mittlerweile synthetisch hergestellt und ist auf jedem Markt erhältlich.

Sehr lecker ist auch Banh Cuon Trung, bei dem ein Spiegelei die Füllung ergänzt.

ADRESSE

Bánh Cuốn
Nr. 48 Dao Duy Tu
Old Quarter
Gegenüber dem Café mit dem Lipton-Schild
Geöffnet von 11.00 bis 14.00 Uhr

CHÈ CHUỐI

Banane mit Kokos und Tapioka auf Eis

Gemeinsam mit Ciska, die verrückt nach Süßigkeiten ist, ließ ich mir auf dem Markt in der Altstadt ein Che Chuoi gut schmecken. Ich zählte insgesamt nur zehn Zutaten. Che Thap Cam ist sehr beliebt und bedeutet wörtlich übersetzt »Che mit ein wenig von allem«. Hier nun eine einfache, aber sehr leckere Variante mit Banane und Kokos.

¼ l dünne Kokosmilch
10 EL Zucker
¼ l Wasser
1 Pandanusblatt, grob zerkleinert
1 Prise Salz
4 reife Bananen, geschält und in 5 cm dicke Scheiben geschnitten
8 EL Perltapioka, 20 Minuten in heißem Wasser eingeweicht, dann mit kaltem Wasser abgespült
300 g zerstoßenes Eis

FÜR DIE GARNITUR
1 EL geröstete Sesamsamen

1 • Kokosmilch mit Zucker, Wasser und Pandanusblatt in einem Topf bei niedriger Hitze zum Kochen bringen. 1 Prise Salz zugeben.

2 • Banane und Tapiokaperlen hinzufügen und alle Zutaten 10 Minuten köcheln lassen, bis die Banane weich ist und die Tapiokaperlen gar sind. Kurz abkühlen lassen.

3 • Das zerstoßene Eis auf Suppenschalen verteilen und mit der Bananen-Kokos-Mischung übergießen. Mit Sesamsamen garnieren.

KULTUR & KÜCHE

Tapiokaperlen geben dem Che seine typische Struktur. Auch Bohnen in vielen Formen sind eine beliebte Zutat. Weitere mögliche Zutaten für ein Che sind schwarze Bohnen, rote Bohnen, frisches Obst, Grenadine-Sirup, Ingwer-Tapiokaperlen, Mais, Honig, Erdnüsse, Cornflakes ...

Biegen Sie rechts auf die Hang Buom ab. Wo heute die Hang Buom verläuft, war früher ein Kanal. Das Wort *Buom* im Straßennamen ist vietnamesisch für »Segel«. Wo die Straße die Hang Giay (Papierwaren) kreuzt, steht auf der rechten Seite einer der ältesten Tempel von Hanoi. Der Tempel Bach Ma erzählt die Geschichte des galoppierenden Schimmels, der dem Kaiser nach einigen missglückten Versuchen zeigte, wo er seine Zitadelle errichten musste. Ein Besuch im Tempel lohnt sich auf jeden Fall.

Es ist Zeit, etwas zum Mittagessen zu suchen. Wenn Sie die Hang Buom bis zu den Bahnschienen weiterlaufen, kommen Sie in die Straße der Zuckerrohrsäfte *(Nuoc Mia)*. Etwa fünf Läden verkaufen dieses erfrischende Getränk. Die Läden sind an ihren Metallpressen deutlich zu erkennen. Die Verkäufer drehen an einem großen Rad, um frische Säfte zu pressen. Am Nachmittag werden in derselben Straße **Banh Beo** (Seite 95) und *Banh Bot Loc* (auch eine Art vietnamesiches Dim Sum) angeboten, zwei leckere gedämpfte Häppchen aus der königlichen Küche von Hue. Abends öffnen an der Eisenbahnlinie viele Hotpot-Restaurants.

Wir biegen links ab und kommen auf die Hauptstraße der Altstadt, die pulsierende Hang Ngan. Die Straße ändert nach 20 Metern ihren Namen und wird zur Hang Dao (Bohnenstraße). 50 Meter hinter der Kreuzung Hang Bac (Silberschmied) stehen links drei Garküchen, die Pasta oder frische Nudeln *(My Than)* servieren. Biegen Sie rechts ab in die Hang Gai (Hanf) und nehmen Sie die dritte Straße rechts, die Hang Manh (Bambuspaneele). Kurz bevor die Straße in die Hang Non mündet, liegt auf der linken Seite eines der berühmten Häuser der Altstadt, das **Bun Cha** (Seite 109) serviert. Auf vier Etagen können Sie hier Bun Cha oder Frühlingsrollen (**Nem Ran,** Seite 112) genießen. Vor der Tür grillt die Küchenmannschaft und schneidet Frühlingsrollen in mundgerechte Stücke. Am besten kommen Sie vor der Mittagszeit. Ab halb zwölf bricht hier der totale *Bun Cha*-Wahn aus und das Restaurant verwandelt sich in Windeseile in ein Schlachtfeld. Der Boden ist übersät von gebrauchten Servietten und Plastikverpackungen der beliebten Feuchttücher. Die Feuchttücher sind typisch für Vietnam. ***Zucken Sie nicht zusammen, wenn Sie dafür extra zur Kasse gebeten werden*** oder wenn jemand neben ihnen eine Verpackung mit lautem Knall aufreißt. Gehen Sie weiter über die Hang Quat (Ventilatoren), links ab auf die Luang Van Can und dann rechts auf die Hang Bo (Körbe) und Sie enden auf der Hang Bac (Silberschmied). An der ersten Kreuzung sehen Sie links an der Ecke das ehemalige Theater Chuong Vang. Wenn Sie links abbiegen, kommen Sie in die Dinh Liet. Ab drei Uhr nachmittags wird in der Nummer 1 **Oc Luoc** (Seite 117) serviert. Das bekannte Lokal hat die gedämpften Schnecken bereits seit zehn Jahren auf der Speisekarte stehen. Essen können Sie in gebeugter Haltung in dem winzigen Lokal oder auf dem Gehweg zwischen den Mopeds auf der anderen Straßenseite. Die Brühe, die zu **Oc Luoc** serviert wird, können Sie mit Zitronengras oder Kaffirlimette würzen und genüsslich ausschlürfen.

Am Ende der Dinh Liet gehen Sie links die Cau Go hinauf, dann nehmen Sie die erste Straße rechts, die Ho Hoa Kiem. Die Straße ist bekannt für ihren Papayasalat mit getrocknetem Rindfleisch **(Nom Thit Bo Kho,** Seite 118). Sie erkennen die Garküchen am Klang der schnippelnden Scheren, welche die Verkäufer benutzen, um das getrocknete Rindfleisch in Stücke zu schneiden. Der Salat wird mit einer Chilisauce serviert. Ein herrliches Essen zum Abschluss des Spaziergangs.

BÚN CHẢ

Gegrilltes Schweinefleisch mit Reis-Vermicelli

Der blaue Rauch und der süßliche Geruch von gegrilltem, karamellisiertem Schweinefleisch sind mir im Gedächtnis geblieben und versetzen mich direkt zurück in die Straßen Hanois.

3 Frühlingszwiebeln, geputzt und in feine Ringe geschnitten
2 kleine Schalotten, geschält und fein gehackt
2 EL vietnamesische Fischsauce (Nuoc Mam)
2 EL Karamellsauce (siehe Seite 189)
¼ TL Salz
½ TL schwarzer Pfeffer, frisch gemahlen
250 g Schweinefleisch (Schweineschulter), küchenfertig und in lange dünne Streifen geschnitten
250 g Schweinehackfleisch
1 EL Pflanzenöl
300 ml Nuoc Cham (siehe Seite 187)
300 g Reis-Vermicelli, 4–5 Minuten gekocht, kalt abgespült und abgetropft

FÜR DIE GARNITUR
knackige Salatblätter
frische Kräuter, z.B. Koriander, Minze, große Shiso-Blätter[13], Thai-Basilikum

1 • Für die Marinade Frühlingszwiebeln, Schalotten, Fischsauce, Karamellsauce, Salz und Pfeffer in einer Schüssel mischen und gut verrühren.
2 • Die eine Hälfte der Marinade über die Schweinefleischstreifen gießen, die andere Hälfte über dem Schweinehackfleisch verteilen und gut untermischen. Fleisch mindestens 30 Minuten marinieren.
3 • Aus dem Schweinehackfleisch ovale Bällchen (5–6 × 2 cm) formen.
4 • Die Schweinefleischstreifen mit 1 EL Pflanzenöl beträufeln.
5 • Die Hackfleischbällchen und die Schweinefleischstreifen von beiden Seiten gut durchbraten. Das gelingt am besten auf einem Holzkohlengrill.
6 • Einige der warmen Schweinefleischstücke in Nuoc Cham tunken und das Fleisch noch ein paar Sekunden darin ziehen lassen.
7 • Die Nudeln auf vier Schalen verteilen, darauf das Schweinefleisch anrichten. Je nach Geschmack mit etwas Sauce beträufeln und mit reichlich Kräutern bestreuen. Guten Appetit!

[13] siehe Seite 54

KULTUR & KÜCHE

Bun Cha wird mit den typischen Frühlingsrollen serviert (Nem Ran in Nordvietnam und Cha Gio in Südvietnam, siehe Seite 112), die mit Krebs, Schweinehackfleisch, Pilzen und Glasnudeln gefüllt sind.

Nuoc Cham wird zum Bun Cha mit dekorativ geschnittenen Papayas und Möhren serviert.

ADRESSE

Bún Chả
Nr. 1 Hàng Mành
Old Quarter

Vorne grillt und frittiert das Küchenteam; vier Etagen und eine lebensgefährliche Drehtür.
Geöffnet von 11.00 bis 16.00 Uhr

NEM RÁN

Hanoier Frühlingsrollen

Nem Ran wird immer zum Bun Cha (gegrilltes Schweinefleisch mit Nudeln, siehe Seite 109) serviert, kann aber auch solo ein vollwertiges Gericht sein. Es schmeckt wunderbar, genau wie Bun Cha, mit knackigem Salat, einem Berg frischer Kräuter und natürlich Nuoc Cham.

200 g Schweinehackfleisch
200 g Krebsfleisch, küchenfertig und gehackt
200 g Garnelen, geschält und vom Darm befreit, gehackt
1 Zwiebel, geschält und fein gewürfelt
1 Knoblauchzehe, geschält und fein gewürfelt
6 getrocknete Baumohrpilze (ersatzweise Mu-Err-Pilze), 30 Minuten in Wasser eingeweicht, harte Teile entfernt, Hüte in Julienne geschnitten
1 Handvoll Kohlrabi oder Möhre, geschält und fein geraspelt
1 Handvoll Glasnudeln, 20 Minuten in heißem Wasser eingeweicht, bis sie weich sind
1 EL vietnamesische Fischsauce (Nuoc Mam)
1 TL Zucker
Salz und schwarzer Pfeffer, frisch gemahlen (nach Geschmack)
20 getrocknete runde Reispapier-Blätter (Ø 20 cm)
1 Ei, nur das Eiweiß

FÜR DIE GARNITUR

Kopfsalat oder Eisbergsalat, gewaschen und klein gezupft
1 Handvoll Sojabohnensprossen
frische Kräuter, z.B. Koriander, Minze, große Shiso-Blätter[14], Thai-Basilikum
300 ml Nuoc Cham (siehe Seite 187)

1 • Für die Füllung zuerst in einer großen Schüssel Schweinehackfleisch mit Krebsfleisch, Garnelen, Zwiebel, Knoblauch, Pilzen, Kohlrabi und Glasnudeln mischen. Mit Fischsauce, Zucker, Salz und Pfeffer würzen. Mit den Händen alle Zutaten gut verkneten.

2 • Eine Schüssel mit warmem Wasser füllen und das Reispapier 30 Minuten einweichen. Reispapier auf die Arbeitsfläche legen, am besten auf eine durchlässige Oberfläche wie Holz. Eventuell reicht ein feuchtes Küchentuch.

3 • 2 EL der Füllung auf das Reispapier legen. Die Blätter aufrollen, dabei die Seiten nach innen einschlagen und die Ränder mit etwas verquirltem Eiweiß verkleben.

4 • Salatblätter, Sojabohnensprossen und Kräuter auf einem Teller anrichten und ein Schälchen **Nuoc Cham** dazustellen.

5 • 1 Liter Pflanzenöl im Wok auf 175 °C erhitzen. Die Frühlingsrollen von beiden Seiten 5 Minuten im heißen Öl backen, bis sie goldgelb sind.

6 • Frühlingsrollen mit Gemüse, Kräutern und **Nuoc Cham** servieren.

KULTUR & KÜCHE *Nehmen Sie ein Salatblatt zur Hand, füllen Sie es mit Sojabohnensprossen, reichlich Kräutern und einer Frühlingsrolle und dippen Sie das Ganze in Nuoc Cham.*
Im Süden Vietnams wird dieser Snack Cha Gio genannt. In Nordvietnam verwendet man Kohlrabi, im Süden Möhren.

[14] siehe Seite 54

5A

BÁNH TRÁNG

Gedämpftes frisches Reispapier

Die Köche, die Reispapier dämpfen, sind unglaublich geschickt. Ich besuchte eine Reispapierfabrik in Hoi An, in der Tausende Reispapierblätter am Tag hergestellt werden. Die hauchdünnen Reisblätter lagen zum Trocknen hübsch aufgereiht auf Bambusmatten im Freien.

175 g Reismehl (etwa 1 Tasse)

1½ Tassen Wasser

1 Prise Salz

1 • Zutaten mischen und 1 Stunde bei Zimmertemperatur ruhen lassen.

2 • Ein dünnes Baumwolltuch (gut ausgekocht) über einen Topf mit Wasser legen und möglichst fest darüberspannen. Am Rand eine 2 cm große Öffnung einschneiden.

3 • Das Wasser zum Kochen bringen.

4 • Mit einem kleinen Kochlöffel ein wenig Teig auf das Tuch geben und zu einer dünnen, runden Platte verstreichen.

5 • Die Teigplatte etwa 30 Sekunden auf dem Tuch über dem kochenden Wasser mit aufgelegtem Deckel dämpfen, bis der Teig anfängt Blasen zu werfen.

6 • Mit einem langen, scharfen Holzstab das Reisblatt vom Baumwolltuch lösen. Möglichst zügig arbeiten, damit das Blatt nicht bricht. Auf ein feuchtes Küchentuch legen.

KULTUR & KÜCHE

Trang ist ein Dorf in der Provinz Tay Ninh, etwa 50 Kilometer nördlich von Ho-Chi-Minh-Stadt, wo bereits seit Jahrhunderten Reispapier hergestellt wird.

In dem Dorf Trang Bang fiel während des Krieges eine der schrecklichen Napalmbomben. Hier wurde auch das weltberühmte Foto des Mädchens Kim Phuc gemacht. Das Foto hat die öffentliche Meinung zum Vietnamkrieg nachhaltig beeinflusst.

»Ai ve xuay Trang Bang, Mua giup mot trong banh trang phoi suong. – Wer ins Land von Trang Bang kommt, der möge bitte eine Packung taufrisches Reispapier kaufen.«

Das Rautenmuster, das häufig auf Reispapier zu sehen ist, entsteht beim Trocknen des Reispapiers auf Bambusmatten.

ỐC LUỘC

Gekochte Schnecken in Zitronengrassud

400 ml Wasser
1 Thai-Chilischote, entkernt und grob gehackt
2 cm frischer Ingwer, geschält und zerstoßen
3 Zitronengrasstängel, 3 cm lange Abschnitte, nur das innere Weiße, zerstoßen
5 Kaffirlimettenblätter
300 g Meeresschnecken, küchenfertig

DRESSING
100 ml Wasser
2 EL vietnamesische Fischsauce (Nuoc Mam)
1 EL Reisessig
1 Thai-Chilischote, entkernt und in Ringe geschnitten (optional)
2 Kaffirlimettenblätter, in sehr feine Julienne geschnitten
1 Knoblauchzehe, geschält und fein gehackt
1 Zitronengrasstängel, nur das innere Weiße, in feine Ringe geschnitten

1 • In einem Topf Wasser mit Chili, Ingwer, Zitronengras und Limettenblättern aufkochen.
2 • Schnecken hineingeben und 5 Minuten garen.
3 • Für das Dressing alle Zutaten verrühren.

KULTUR & KÜCHE

Bei diesem Gericht wird auch die Kochflüssigkeit der Schnecken serviert. Sie muss eventuell noch mit Zitronengras und/oder Limettenblatt gewürzt werden.

ADRESSE
Ốc Luộc
Nr. 1A Dinh Liet
Old Quarter
Entweder Sie essen in gebückter Haltung in dem winzigen Restaurant oder Sie bitten um einen Hocker und machen es sich auf dem Gehweg auf der anderen Seite der belebten Straße bequem.
Geöffnet von 15.00 bis 19.00 Uhr

NỘM THỊT BÒ KHÔ

Grüner Papayasalat mit getrocknetem Rindfleisch

Genau wie in Laos und Thailand wird die etwas saure Papaya hier in einem frischen Salat verarbeitet. Der Salat wird mit getrocknetem Rindfleisch kombiniert. So entsteht ein wunderbarer Kontrast in Textur und Aroma!

300 g Rindfleisch, in dünne Streifen geschnitten
60 ml vietnamesische Fischsauce (Nuoc Mam)
1 EL Zucker
1½ TL Fünf-Gewürze-Pulver[15]
200 ml Öl
60 ml Reisessig
4 Knoblauchzehen, geschält und fein gehackt
1 Thai-Chilischote, entkernt und fein gehackt
1 mittelgroße grüne Papaya (unreife Papaya)
2 kleine Möhren, geschält und in lange dünne Streifen geschnitten

FÜR DIE GARNITUR
frische Kräuter wie Koriander, große Shiso-Blätter[16] und Rau Ram[17], grob gehackt
1 EL geröstete Erdnüsse, grob zerstoßen
Chilisauce

1 • Aus 2 EL Fischsauce, 1 Prise Salz und 1½ TL Fünf-Gewürze-Pulver eine Marinade anrühren und das Rindfleisch in der Marinade 2 Stunden ziehen lassen.
2 • Rindfleisch möglichst auf dem Holzkohlengrill garen.
3 • Öl in einer Kasserolle auf 175 °C erhitzen.
4 • Rindfleisch in das heiße Öl tauchen, herausnehmen und trocknen lassen.
5 • Für das Dressing Essig mit Fischsauce und Zucker mischen, Knoblauch und Chili zugeben.
6 • Papaya schälen, entkernen und in lange dünne Streifen schneiden. Zusammen mit Möhren und etwas Dressing mischen. Fleischstreifen und Kräuter auf den Salat legen. Mit Dressing beträufeln und mit Erdnüssen bestreuen.

KULTUR & KÜCHE

Alle Zutaten vor dem Essen mit den Ess-Stäbchen gut mischen. Zu Nom Thit Bo Kho wird immer eine Chilisauce gereicht. Ein köstlicher Salat!

ADRESSE

Nộm Thịt Bò Khô, Nr. 107 Ma May, Old Quarter

Gasse zum See Hoa Kiem. Halten Sie Ausschau nach den Scheren, die benutzt werden, um das Fleisch in Streifen zu schneiden. • Geöffnet von 16.00 bis 20.00 Uhr

[15] bestehend aus Sichuanpfeffer, Sternanis, Fenchel- oder Anissamen, Zimt und Gewürznelken

[16] siehe Seite 54

[17] siehe Seite 57

Anh Thuyet

Vor etwa vier Jahren lernte ich Anh Thuyet kennen. Zusammen mit Yves, der mit mir die kulinarische Reise organisierte, besuchte ich ihr winziges und einfaches Restaurant und bestellte ein Sechs-Gänge-Menü. Das Essen werde ich nie vergessen: Ich probierte dort die beste **Pho Bo** meines Lebens. Die Brühe war von unvergleichlicher Finesse. Angeblich wird in der **Pho Bo** ein Wurm *(Xa Sung)* mitgegart, welcher der Brühe erst ihren Geschmack verleiht.

Anh Thuyet besitzt das Talent, selbst aus etwas Einfachem wie einem Gurkensalat ein wahres Geschmackserlebnis zu zaubern. Sie ist eine hochgelobte Autorität der vietnamesischen Küche und keiner kocht so gut wie sie. Sie kennt die Traditionen und Geheimnisse, die ihre Landesküche in sich birgt.

Mir wurde die Ehre zuteil, bei Anh Thuyet an einem privaten Kochkurs teilzunehmen, und ich durfte sie zum Einkauf auf den Markt begleiten. Sie feilschte unerbittlich um die Preise und kontrollierte sehr genau die Qualität der Waren. Jederzeit konnte sie exakt sagen, wer was zu welchem Preis auf dem Markt anbot. Wir unterhielten uns mit Hilfe von Thuy, einem freundlichen vietnamesischen Mädchen, das mir als Übersetzerin zur Seite stand. Es war lustig, wie Anh Thuyet zu mir vietnamesisch sprach, gerade so, als verstünde ich etwas.

Die Kochkurse bei Anh Thuyet haben ihren Preis. Sie weiß, dass sie die Beste ihres Fachs ist, und ist zu Recht stolz darauf. Ich mag ihre unaufgeregte, direkte Art. Nach der Kochstunde wusch sie mir die Hände in einem Becken mit Teeblättern. Der Duft der Teeblätter und ihre reibenden Bewegungen über meine Hände machten den kurzen Moment zu einer intensiven beruhigenden Erfahrung. Mit Hilfe von Thuy, unserer Übersetzerin, redeten wir noch stundenlang von unserem Leben als Köche. Sie zeigte aufrichtiges Interesse an meinem Kochstudio und an meiner Arbeit als Koch in Belgien. Nach der Kochstunde ging ich mit Thuy noch um die Ecke einen Kaffee trinken.

Als ich vor kurzem wieder das Restaurant von Anh Tuyet besuchte, erkannte mich Thuy sofort wieder. Sie rief Madame Thuyet und auch sie war erfreut, mich zu sehen. Wir tranken zusammen einige Tassen herrlichen Ingwertee. Scherzhaft nannte Anh Thuyet mich manchmal »Sohn von Anthony Bourdain« und bezog sich damit auf den Koch, Küchenrebell und Autor des Kochbuches »Kitchen Confidential«, mit dem sie vor Zeiten eine Fernsehsendung aufgenommen hatte.

Das Mittagessen, zu dem sie mich einlud, war wieder einmal eine Sensation für meine Geschmacksknospen und erweiterte mein Wissen über die vietnamesische Küche. Auf dekorativen Tellern wurden mir nacheinander Wurmkuchen mit vietnamesischer Sauce **Nuoc Cham,** frittierter Fisch mit Schweinefleisch-Füllung **(Ca Que Cuon Thit,** Seite 125) und Ente in Curry **(Ca Ri Vit,** Seite 126) serviert. Ich war sprachlos. Anh Thuyets kulinarische Kreativität kannte keine Grenzen!

Madame Thuyet wusste um meine Leidenschaft für die vietnamesische Küche. Als sie mir ankündigte, sie habe noch eine Überraschung für mich, war ich natürlich wahnsinnig gespannt. Sie verschwand in der Küche und kam kurz darauf mit einer Schale zurück, in der ein in der Mitte durchgeschnittenes Insekt lag, das einem Käfer ähnelte. Plötzlich begriff ich, dass dies der *Ca Cuong* war, dessen Drüsensekret der **Bun Thang** (siehe Seite 54) ihren Geschmack verleiht. Ich traute meinen Augen kaum. Mehr als zwei Jahre hatte ich nach diesem Insekt gesucht, um den echten Duft kennen zu lernen, und nun zauberte Anh Thuyet dieses Tier unvermittelt zum Vorschein. Ich konnte mein Glück kaum fassen. ***Manchmal sucht man sehr intensiv nach etwas, doch das Gesuchte findet man erst, wenn man mit der Suche aufhört.***
Nach dem Essen verabschiedete ich mich von Madame Thuyet und dankte ihr von Herzen.
Thuy lud ich für den nächsten Tag zu einem Essen mit vietnamesischen Freunden ein.

CÁ QUÊ CUỐN THỊT

Fischröllchen mit Schweinefleisch-Füllung

8 Fischfilets (8 cm × 4 cm), z.B. Seezunge
Öl zum Frittieren

TEIG
400 g Tempurateigmischung (Asialaden)
Salz und weißer Pfeffer, frisch gemahlen
½ TL Kurkuma

FÜLLUNG
100 g Schweinehackfleisch
2 getrocknete Baumohrpilze (ersatzweise Mu-Err-Pilze), 30 Minuten in Wasser eingeweicht, harte Teile entfernt, Hüte in Julienne geschnitten
1 Schalotte, geschält und fein gehackt
1 EL Dill, fein gehackt
¼ TL schwarzer Pfeffer, frisch gemahlen
1 EL vietnamesische Fischsauce (Nuoc Mam)

FÜR DIE GARNITUR
einige Dillstängel, Salatgurkenscheiben, Chiliringe
300 ml Nuoc Cham (siehe Seite 187)

1 • Tempuramischung mit Wasser anrühren, so wie auf der Packungsanleitung angegeben (eventuell etwas weniger Wasser nehmen). Tempurateig mit Salz, Pfeffer und Kurkuma würzen.

2 • Hackfleisch in einer Schüssel mit Pilzen, Schalotte, Dill, Pfeffer und Fischsauce mischen.

3 • Fisch gründlich abspülen und trocken tupfen. Fischfilets auf die Arbeitsfläche legen. 1 EL der Fleischfüllung auf das Ende eines Filets geben und von dort her aufrollen. Mit den restlichen Filets ebenso verfahren.

4 • Öl im Topf auf 175 °C erhitzen.

5 • Die Fischfilets durch den zähen Tempurateig ziehen und sofort ins heiße Öl geben. In 2 Minuten goldgelb frittieren. Mit den restlichen Filets ebenso verfahren.

6 • Teller mit Dillstängeln garnieren. Frittierte Fischröllchen darauf anrichten und mit **Nuoc Cham** servieren.

CÀ RI VỊT

Vietnamesisches Entencurry

Currys werden meist mit Reis oder Nudeln serviert, aber auch Brot schmeckt sehr gut dazu.

2 EL Madras-Currypulver
1 ganze Ente, küchenfertig, geachtelt
2 EL Pflanzenöl
2 Schalotten, geschält und fein gehackt
2 Knoblauchzehen, geschält und fein gehackt
1 TL Chilipaste
400 ml klare Hühner-/Pouletbrühe
5 cm frischer Ingwer, geschält und zerstoßen
2 Zitronengrasstängel, nur das innere Weiße
2 Sternanis, geröstet (wahlweise)
4 Kartoffeln, geschält und grob gewürfelt
2 Möhren, geschält und grob gewürfelt (optional)
400 ml dünne Kokosmilch
2 EL vietnamesische Fischsauce (Nuoc Mam)
1 TL Zucker

FÜR DIE GARNITUR

1 Handvoll Koriander und Thai-Basilikum
Frühlingszwiebel, geputzt und in Ringe geschnitten

1 • Ente mit dem Currypulver einreiben und 20 Minuten einziehen lassen.

2 • Öl im Wok erhitzen und Schalotten, Knoblauch und Chilipaste einige Minuten im Öl anbraten. Nun die gewürzten Entenstücke hinzugeben und von allen Seiten goldbraun braten.

3 • Hühnerbrühe zugießen und mit Ingwer und Zitronengras aufkochen. Eventuell noch gerösteten Sternanis hinzufügen.

4 • Kartoffeln und nach Geschmack Möhren hineingeben. 10–12 Minuten bei niedriger Hitze leicht köcheln lassen, bis das Gemüse angenehm bissfest ist.

5 • Unter Rühren die Kokosmilch zugießen.

6 • Mit Fischsauce und Zucker abschmecken.

7 • In einer Schüssel oder Servierschale anrichten und mit Koriander, Thai-Basilikum und Frühlingszwiebel garnieren.

KULTUR & KÜCHE

Die Kokosmilch in der Zutatenliste verrät den südvietnamesischen Einfluss des Gerichts. Sie können das Verhältnis Kokosmilch zu Hühnerbrühe individuell anpassen.

ADRESSE
Anh Thuyet
Nr. 25 Ma May
Old Quarter
Geöffnet von 18.00 bis 21.00 Uhr

Reis

Die Symbolik der Speisen

Vietnamesen verehren ihre Vorfahren. Jedes Haus hat einen eigenen Familienaltar mit den Fotos der Ahnen. Je größer der Altar, desto höher gestellt ist die Familie. Täglich bringen Familienangehörige diesem wichtigen Ort im Haus ihre Opfergaben, von Blumen bis zu ganzen Hühnern, dar. Auch das Abbrennen von Weihrauch ist fester Bestandteil des täglichen Rituals.

Die Verehrung der Vorfahren steht auch im Mittelpunkt des Tet, dem traditionellen vietnamesischen Neujahrsfest und dem wichtigsten nationalen Feiertag überhaupt. Tet läutet jedes Jahr gegen Ende Januar, Anfang Februar eine Zeit der Erneuerung, geistiger Reinigung und des Neuanfangs ein, mit Respekt vor Familie und Vergangenheit. Die Vietnamesen besuchen ihre Eltern und zollen dem gesäuberten Grab der Vorfahren ihren Respekt. Sie laden die Geister der Verstorbenen ein, eine Zeit lang bei ihnen im Hause zu wohnen. An diesem Festtag darf ein besonderes Essen natürlich nicht fehlen.

Schon Wochen vor Tet sind in Vietnam die Vorbereitungen zu dem Fest in vollem Gange. Einige Tage vor dem eigentlichen Festtag beginnen die Frauen bereits mit dem Kochen. Jeder Teil des Essens hat eine bestimmte Symbolik. **Banh Chung** (Seite 130) ist sicherlich das bekannteste Gericht unter den typischen Festtagsgerichten. Es ist ein eine Art Kuchen aus Klebreis, eingeschlagen in La-Dong-Blätter und gefüllt mit Schweinespeck und Mungbohnen. Das viereckige **Banh Chung** symbolisiert die Erde, während der Klebreis ein Symbol für die Grundlage des menschlichen Lebens darstellt. Auf den lokalen Märkten wird **Banh Chung** das ganze Jahr über angeboten. Während der Tet-Festlichkeiten werden viele Süßigkeiten verkauft.

Auf allen Märkten – nicht nur während des traditionellen Neujahrsfestes, sondern auch ganzjährig – wird an den Teeständen der Stadt *Mut* verkauft. *Mut* bezeichnet getrocknete oder kandierte Früchte oder getrocknetes oder kandiertes Gemüse. Die getrockneten Früchte verwenden die Vietnamesen häufig für ihren Tee.

Neben dem Tet-Fest sind in Vietnam der erste Tag des ersten Monats, der zweite Tag des zweiten Monats und der dritte Tag des dritten Monats weitere Feiertage. **Banh Troi** (Seite 132) heißen die Süßigkeiten, die am dritten Tag des dritten Monats eines neuen Jahres gegessen werden. Die Bällchen aus Klebreismehl sind mit einem Palmzuckerwürfel gefüllt und symbolisieren das Gleichgewicht bzw. Yin und Yang.

So gibt es in Vietnam zahlreiche Snacks, die an bestimmten Festtagen gereicht werden. Sie haben eine symbolische Bedeutung und oftmals ist eine Legende mit ihnen verbunden.

BÁNH CHƯNG

Reiskuchen zu Neujahr

Gelebte Nostalgie!

200 g Mungbohnen
500 g Klebreis
1 Prise Salz
175 g Schweinebauchspeck
2 EL vietnamesische Fischsauce (Nuoc Mam)
schwarzer Pfeffer, frisch gemahlen
4 Bambusblätter[18] oder Bananenblätter
Bambusfaden oder Küchengarn

1 • Mungbohnen über Nacht in kaltem Wasser einweichen. Am nächsten Tag unter kaltem Wasser gründlich abspülen. Klebreis separat über Nacht einweichen.
2 • Bohnen mit 1 Prise Salz zu einer dicken Paste stampfen.
3 • Schweinespeck in dünne Streifen schneiden und mit 2 EL Fischsauce und Pfeffer marinieren.
4 • 2 Bambusblätter zur T-Form legen, 2 weitere Blätter diagonal darauflegen, sodass eine Sternform entsteht.
5 • Die Hälfte des Klebreises in die Mitte der Blätter legen, darauf die Hälfte der Bohnenpaste anrichten und die Schweinespeckstreifen drauflegen. Nun die andere Hälfte der Bohnenpaste darauf verteilen und mit dem restlichen Reis abschließen.
6 • Die Blätter zum Päckchen zusammenfalten und mit Faden umwickeln.
7 • Die Päckchen bei niedriger Hitze in ausreichend Wasser mindestens 8 Stunden simmern lassen.
8 • Die Päckchen mit kaltem Wassere abspülen und über Nacht mit einem schweren Gegenstand beschweren.

KULTUR & KÜCHE

In Vietnam wird Bambusfaden zum Umwickeln und zum Portionieren der Reiskuchen verwendet. Ein normales Küchengarn tut es auch, mit einem Bambusfaden sieht es allerdings authentischer aus.

[18] Original werden für das Gericht Dong-Blätter verwendet, das sind die Blätter eines Pfeilwurzelgewächses, die mehrere Stunden weich gekocht werden müssen.

BÁNH TRÔI

Klebreisbällchen mit Zucker und Sesam

400 ml dünne Kokosmilch
4 EL Zucker
180 g Klebreismehl
20 g Reismehl
200 ml warmes Wasser
100 g Palmzucker[19], in 30 Würfel von 1 × 1 cm geschnitten
2 EL Sesamsamen, geröstet

1 • Kokosmilch mit Zucker erwärmen und beiseitestellen.
2 • Die zwei Mehlsorten mischen, warmes Wasser hinzufügen und zu einem festen Teig verkneten.
3 • Ein etwa murmelgroßes Stück vom Teig abnehmen, flachdrücken und in die Mitte den Palmzuckerwürfel legen. Ränder zusammenfalten und zu einer kleinen Kugel rollen.
4 • Insgesamt 30 Kugeln vorbereiten.
5 • Wasser in einem Topf erhitzen und jeweils 8 Kugeln darin garen. Sobald die Bällchen an der Oberfläche schwimmen, aus dem siedenden Wasser nehmen. In eiskaltem Wasser gut abschrecken.
6 • Sesamsamen auf der Arbeitsfläche verteilen und die Bällchen darin wenden.
7 • Jeweils 8 Bällchen in eine Suppenschale geben und mit der lauwarmen Kokosmischung übergießen.

KULTUR & KÜCHE

Das Geheimnis dieser Süßspeise liegt in der Zusammensetzung des Zuckers. Die besten Bällchen bekommt man in Lu Village in der Provinz Than Tri.

[19] Palmzucker ist der durch Kochen eingedickter Palmsaft der Zuckerpalme.

Truc Bach

West Lake (Ho Tay) und das angrenzende Truc Bach sind als neue In-Viertel stark im Kommen. Das ist vor allem an den neuen Hotels zu erkennen, die in rasantem Tempo aus dem Boden schießen. Heute wird die Skyline von großen Kränen beherrscht. Auch viele aus dem Ausland zurückgekehrte Vietnamesen haben inzwischen Truc Bach für sich entdeckt und sich hier niedergelassen. Das Viertel hat unverkennbar etwas von einem Künstlerviertel.

Ich mag die Gegend dort. Es ist einfach herrlich, die Tran Vu Street am See Truc Bach entlangzuschlendern. Die Fischrestaurants im Freien, die köstlichen Säfte und die einladenden Cafés machen Truc Bach zu einem Viertel ganz nach meinem Geschmack. Auf der Straße wird Mahjong (chinesisches Schach) gespielt und auf dem See fahren Paare in ihren gemieteten Ruderbooten umher.

Auch nach Sonnenuntergang ist Truc Bach mein Lieblingsort in Hanoi. Ich habe bereits viele Freunde zum Meeresfrüchte-Buffet in die Tran Vu eingeladen. Venusmuscheln in Zitronengras (**Ngao Hap,** Seite 141), fangfrische gegrillte Garnelen (**Tom Nuong,** Seite 147), Jakobsmuscheln mit Frühlingszwiebelöl beträufelt (**So Diep Nuong Mo Hanh,** Seite 142) und Nudeln mit Krebsfleisch (**Mien Xao Cua,** Seite 138) gehören zu meinen Lieblingsgerichten. Die Speisen schmecken köstlich mit einer Chilisauce, Salz und Limette. Ein kühles *Bia Ha Noi* darf nicht fehlen. Seit einiger Zeit wird in den Speiselokalen immer häufiger Wasabi mit Meeresfrüchten serviert, beeinflusst von der japanischen Küche.

In Truc Bach wohnt mein Reisegefährte und Freund Yves, der mit mir die Gruppenreisen durch Vietnam begleitete. Nach ein paar Jahren in Johannesburg arbeitet er nun in Hanoi für ein Reisebüro. Ich habe ihn mehrere Male besucht und zusammen haben wir uns auf die Suche nach dem echten »local food« begeben.

In der Nähe von Yves' Wohnung liegt eine Kreuzung mit vier Restaurants, die **Pho Cuon** (Seite 144) servieren. Ich nenne sie immer die »Pho Cuon Corner« von Hanoi. Ab der Mittagszeit kann man junge Frauen dabei beobachten, wie sie Tausende Reispapierröllchen mit Rindfleisch, Kräutern und Salat aufrollen. Auf der Straße stehen vor jedem Restaurant Jugendliche, die versuchen, Kunden anzulocken. *»Xin chao, moi vao«*, rufen sie. »Willkommen. Treten Sie ein.« Die Leute aus dem Viertel sind davon überzeugt, dass es in der Nr. 26 Nguyen Street noch stets das beste **Pho Cuon** gibt. Es soll das erste und älteste *Pho Cuon*-Restaurant im Viertel sein.

Nachdem ich einige Tage bei Yves übernachtet hatte, kannte ich die festen Gewohnheiten der Straßenverkäufer. Morgens findet zuerst ein kleiner Markt statt. Dann kommen die Blumenverkäufer mit frischen Blumen vom Blumenmarkt. Später erscheint der blinde *Banh My*-Verkäufer. ***Er balanciert eine Plastikkiste auf dem Kopf, in der er seine Brötchen aufbewahrt.*** Die Frau vom Pastetenstand kauft ihm immer ein paar Brötchen ab. Um die Ecke von Yves' Wohnung steht jeden Morgen eine Frau, die Klebreis *(Xoi Xeo)* verkauft. Gegen Mittag übernimmt eine andere nette Dame ihren Platz und bietet einen warmen Brei aus schwarzen Bohnen **(Che Do Den,** Seite 151) und süße Reisbällchen **(Banh Troi,** Seite 132) feil. Ab Mittag läuft die Pho Cuon Corner auf vollen Touren. Tagsüber sieht man immer wieder Schuhputzer, Kohlenverkäufer und Eisenwarenhändler vorbeiziehen. Es macht wirklich Spaß, dem Treiben zuzuschauen.

Ich freundete mich mit Tam an, dem Besitzer eines der *Pho Cuon*-Restaurants. Jeden Abend kamen Yves und ich auf einen Drink und einen Plausch vorbei, manchmal aßen wir auch eine Kleinigkeit. Eine der Spezialitäten in Tams Restaurant ist **Pho Chien Phong Bo Xao** (Seite 152). Einfach klasse, wie sie für das Gericht die nicht verkauften Pho-Teigwaren recyceln, diese zu kleinen Küchlein pressen und ähnlich wie Beignets frittieren.

Als ich von Tam wissen wollte, wie wir Taschenkrebs in Bier **(Cua Hap Bia,** Seite 155) zubereiten sollen, schlug er uns vor, ihn zum Markt zu begleiten. ***Wir kauften einen Krebs und garten ihn in Bier.*** War das ein Fest an der Pho Cuon Corner!

Nach einer Woche bei Yves wollte ich nicht mehr fort aus diesem reizenden Viertel. Ich fühlte mich hier ganz zu Hause. Morgens bot mir die 86-jährige Frau unten am Teestand häufiger eine Tasse Tee umsonst an. Ganz in der Nähe des Teestandes gab es einen Stand mit *Xe Om;* diese praktischen Moped-Taxis sind bei dem auch in Hanoi zunehmenden Verkehr klar im Vorteil, vor allem, wenn dieser in der Hauptverkehrszeit mal wieder zum Erliegen kommt.

Mittlerweile kannten mich die Leute im Viertel. Sie waren sehr herzlich und freundlich zu mir. Während ich Tee mit den Nachbarn trank, kaufte ich Zigaretten stückweise und rauchte entspannt mit den Leuten vom Moped-Taxi-Stand. Ein älterer Vietnamese rauchte starken Tabak aus einer Bong. Ich hatte irgendwann einmal die lange Pfeife mit starkem Tabak ausprobiert, aber der Versuch hatte in einem starken Hustenanfall geendet.

Durch Yves lernte ich zwei sehr hilfsbereite vietnamesische Kollegen, Mr. Huong und Mr. Minh, kennen. Schnell geriet ich in einen Tausch-Sprachkurs Vietnamesisch – Englisch mit Thuy, dem Mädchen aus der nahen Kaffeebar. Yves' Kollegen luden mich zum Mittagessen im Betrieb ein. ***In einem Rückgebäude befand sich ein Speiselokal, das morgens und nachmittags als Veranstaltungsraum zum Englischlernen genutzt wurde.*** Dort kochte eine vietnamesische Familie jeden Tag für vier Unternehmen bzw. für 80 Personen. Ich nahm eine einfache, aber sehr abwechslungsreiche Mahlzeit zu mir, die aus Reis mit Fünf-Gewürze-Schweinefleisch **(Thit Heo Kho Tieu,** Seite 157), frittiertem Fisch in Tomatensauce **(Ca Chien Sot Chua Ngot,** Seite 159), einer klaren Brühe *(Canh Rau)* und gebratenem Wasserspinat **(Rau Muong Xao Chao,** Seite 162) bestand.

MIẾN XÀO CUA

Pfannengerührtes Krebsfleisch mit Manioknudeln

Dieses Gericht stammt ursprünglich aus China. Xao bedeutet pfannenrühren, denn häufig wird das Gericht mit pfannengerührtem Gemüse zubereitet. Es gibt auch eine herrliche Variante mit knusprig gebratenem Aal.

2 EL Pflanzenöl
2 Schalotten, geschält und fein gehackt
1 Knoblauchzehe, geschält und fein gehackt
6 getrocknete Baumohrpilze (ersatzweise Mu-Err-Pilze), 30 Minuten in Wasser eingeweicht, harte Teile entfernt, Hüte fein gehackt
1 Möhre, geschält und in Julienne geschnitten
100 g Manioknudeln[20], in Wasser eingeweicht und abgetropft
2 EL vietnamesische Fischsauce (Nuoc Mam)
1 EL dunkle Sojasauce
3 EL Zucker
1 EL Wasser (wahlweise)
300 g Krebsfleisch, in Stücke zerteilt
2 Frühlingszwiebeln, in 4 cm breite Abschnitte geschnitten
1 Thai-Chilischote, entkernt und in Ringe geschnitten (wahlweise)

FÜR DIE GARNITUR

1 Handvoll Koriander
1 Handvoll Sojabohnensprossen
schwarzer Pfeffer, frisch gemahlen

1 • Öl im Wok erhitzen, Schalotten und Knoblauch bei niedriger Hitze darin glasig dünsten. Pilze und Möhre hinzufügen und unter Rühren 2 Minuten braten.

2 • Manioknudeln hineingeben und mit den übrigen Zutaten gründlich mischen. Mit Fischsauce, dunkler Sojasauce und Zucker würzen. Eventuell noch 1 EL Wasser zugeben.

3 • Mit einem Pfannenheber die Nudeln zum Rand des Woks schieben, noch etwas Öl in die Mitte gießen und die Krebsstücke zusammen mit den Frühlingszwiebeln und eventuell den Chiliringen 1 Minute braten.

4 • Nudeln mit dem gebratenen Krebsfleisch mischen. Falls nötig, noch 1 EL Wasser zugießen.

5 • In eine Suppenschale füllen und mit Koriander und Sojabohnensprossen garnieren. Mit Pfeffer würzen.

VARIANTE

Ein Ei verquirlen, in den Wok geben und mitbraten.

[20] Maniok, auch Kassave genannt, stammt ursprünglich aus Südamerika und ist heute ein weltweit verbreiteter Mehl- und Stärkelieferant, der ähnlich wie Weizenmehl verwendet werden kann, aber dafür glutenfrei ist.

Shop
DVD SHOP

NGAO HẤP

Gedämpfte Venusmuscheln in Zitronengras-Ingwer-Sud

Wegen seiner Frische und unverfälschten Zubereitungsmethode ist dies eines meiner Lieblingsgerichte. Ein Ingwer-Limetten-Dip lässt das Gericht zu einem wahren Gaumenschmaus werden!

100 g klare Hühner-/Pouletbrühe

2 Zitronengrasstängel, nur das innere Weiße, 1½ Stängel flach geklopft und schräg in grobe Stücke geschnitten, ½ Stängel fein gehackt

6 cm frischer Ingwer, geschält, eine Hälfte in Scheiben geschnitten und flach geklopft, die andere Hälfte fein gehackt

1 Schuss Reiswein oder Sake

1 kg frische Venusmuscheln, 3 Stunden in Salzwasser gelegt, um den Sand herauszuspülen

1 EL vietnamesische Fischsauce (Nuoc Mam)

FÜR DIE GARNITUR

Ingwer-Limetten-Dip (siehe Seite 190)

1 Handvoll frische Korianderblättchen

1 • Brühe aufkochen, flach geklopftes Zitronengras und flach geklopften Ingwer hinzufügen. Reiswein und Venusmuscheln ebenfalls hineingeben und den Deckel auflegen.

2 • Sobald sich die Venusmuscheln öffnen, mit 1 Schuss Fischsauce, fein gehacktem Ingwer und Zitronengras würzen. Sofort mit der Sauce zum Dippen servieren. Je nach Geschmack mit Koriander würzen.

KULTUR & KÜCHE

Meeresfrüchte werden nicht immer mit Reis serviert, sondern kommen häufig auch ohne Beilage als Snack oder leichte Mittagsmahlzeit auf den Tisch.
Frische Kräuter passen immer gut zu Meeresfrüchten, z. B. das Kraut Rau Diep Ca. Es erinnert an Koriander im Geschmack, manche erkennen ein leichtes Fischaroma (Rau Diep Ca bedeutet so viel wie »Salat, der wie Fisch riecht«).
Manchmal wird Ananas in diesem Gericht verwendet. Sie gibt dem Ganzen eine süß-saure Note.

ADRESSE

Ngao Hấp
Hải Sản Gia Đình
Nr. 96A Trấn Vũ
Trúc Bạch
Geöffnet von 18.00 bis 22.00 Uhr

SÒ ĐIỆP NƯỚNG MỠ HÀNH

Jakobsmuscheln mit Frühlingszwiebelöl

Lässt sich sehr dekorativ in der Muschel servieren!

2 EL Pflanzenöl
1 Zwiebel, geschält und fein gehackt
100 ml Frühlingszwiebelöl (siehe Seite 188)
2 EL geröstete Erdnüsse, grob zerstoßen (nach Geschmack)
10 ausgelöste Jakobsmuscheln mit Corail, küchenfertig und mit separaten Muschelschalen

1 • 2 EL Öl in einer Pfanne erhitzen und die Zwiebel im Öl bräunen. Zwiebel in ein Sieb geben und auf Küchenpapier abtropfen lassen.

2 • Das Frühlingszwiebelöl mit gebratener Zwiebel mischen. Eventuell noch Erdnüsse hinzufügen.

3 • Jakobsmuscheln in wenig Öl ca. 3–4 Minuten braten oder grillen.

4 • Jakobsmuscheln in die Schalen setzen, mit 1 EL der Ölmischung beträufeln und sofort servieren.

PHỞ CUỐN

Reispapier mit Rindfleisch-, Salat- und Kräuter-Füllung

Ein toller Snack für zwischendurch! Frische Kräuter kombiniert mit pfannengerührtem Rindfleisch. Meisterhaft einfach – eben typisch Vietnam!

200 g Rindfleisch, in dünne Streifen geschnitten
1 Zitronengrasstängel, das innere Weiße, fein gehackt (etwa 1 EL)
2 EL Pflanzenöl
2 Knoblauchzehen, geschält und flach geklopft
10 Blätter getrocknetes Reispapier
1 Handvoll knackige Salatblätter
frische Kräuter, z. B. Minze, Shiso[21], Koriander, Thai-Basilikum
Gurke und/oder Möhre, geschält und in Julienne geschnitten (wahlweise)

ZUM SERVIEREN
Nuoc Cham (siehe Seite 187)

1 • Rindfleisch im Zitronengras 1 Stunde ziehen lassen. Pflanzenöl im Wok erhitzen und das Rindfleisch mit dem flach geklopften Knoblauch unter Rühren 5 Minuten im heißen Öl braten, bis es gar ist. Rindfleisch abkühlen lassen.
2 • Getrocknete Reispapierblätter ganz kurz (30 Sekunden) in lauwarmem bis warmem Wasser einweichen. Sobald sie sich biegsam anfühlen, aus dem Wasser heben und auf ein Küchentuch oder eine wasserdurchlässige Arbeitsfläche legen.
3 • Reispapier mit knackigen Salatblättern belegen. Rindfleisch und frische Kräuter darauf anrichten. Eventuell noch Gurken- und/oder Möhrenstreifen darübergeben.
4 • Die Reisblätter aufrollen. Die äußeren Ränder nach innen einschlagen, um das Reispapier fest zu verschließen, oder die Seitenränder offen lassen.
5 • Kalt mit **Nuoc Cham** servieren.

KULTUR & KÜCHE

Reispapierblätter sind bei uns leichter erhältlich, sie sind jedoch etwas fester als die frisch gedämpften Blätter, die original für Banh Cuon (Seite 101) verwendet werden.
Probieren Sie einmal unsere europäische Variante mit Lachs und Seehasen-Kaviar – das passt immer!

ADRESSE
Phở Cuốn • Phở Cuốn Hung Ben
Nr. 26 Nguyen Khac Hieu • Truc Bach
Geöffnet von 16.00 bis 20.00 Uhr

[21] siehe Seite 54

Ở CUỐN HƯNG BỀN
ĐT: 043 829 2040 / 0916 764 141

TÔM NƯỚNG

Gegrillte Tigergarnelen mit süßer Chili-Limetten-Sauce

Ganz schwarz vom Holzkohlenfeuer – so kommen die gegrillten Garnelen auf den Tisch. Ich bin immer wieder überrascht, wie die Einheimischen es schaffen, die schwarz versengten Schalen der Garnelen mit Stäbchen vom Fleisch zu lösen und trotzdem die Hände sauber zu halten.

500 g Tigergarnelen mit Schale

MARINADE

2 EL Reiswein

1 EL frischer Ingwer, geschält und fein gehackt

1 Schalotte, geschält und fein gehackt

1 Knoblauchzehe, geschält und fein gehackt

1½ EL Zucker

1 EL Austernsauce

1 EL vietnamesische Fischsauce (Nuoc Mam)

1 TL Sesamöl

ZUM SERVIEREN

Chilisauce

1 • Die Zutaten der Marinade verrühren und die Garnelen 30 Minuten darin ziehen lassen.

2 • Garnelen mit Schale am besten auf dem Holzkohlengrill garen, alternativ eine Grillpfanne verwenden.

3 • Mit Chilisauce servieren.

XÔI XÉO GÀ

Klebreis mit Huhn

Von diesem Gericht existieren zahllose Varianten, u. a. mit chinesischen Würstchen, mit einer Art Pastete (siehe nebenstehendes Bild: Xôi Xéo Paté) oder mit verschiedenen Obstsorten.

300 g Klebreis, über Nacht oder mindestens 3 Stunden in kaltem Wasser eingeweicht
200 g grüne Mungbohnen, über Nacht in Wasser eingeweicht
1 EL Kurkuma-Pulver
2 Hähnchen-/Pouletbrustfilets, in Streifen geschnitten
1 Knoblauchzehe, geschält und fein gehackt
1 EL vietnamesische Fischsauce (Nuoc Mam)
1 EL Zucker
1 EL Pflanzenöl
3 Frühlingszwiebeln, in 3 cm langen Juliennestreifen

FÜR DIE GARNITUR
schwarzer Pfeffer, frisch gemahlen
1 Handvoll Korianderblättchen
4 EL Schalotte, geschält, fein gehackt und frittiert
Gurkensalat (siehe Seite 177)

1 • Klebreis mehrfach gut abspülen und über Nacht einweichen. Mit den grünen Bohnen ebenso verfahren.
2 • Reis 30 Minuten in einem Dampfkorb weich garen. Kurkuma unter den Reis mischen.
3 • Bohnen im Mörser zu einer klebrigen Paste stampfen, zur Kugel formen und beiseitestellen.
4 • Geflügelstreifen 15 Minuten in der Marinade aus Knoblauch, Fischsauce und Zucker durchziehen lassen.
5 • Öl im Wok erhitzen und unter Rühren das Fleisch im heißen Öl braten. Zum Schluss Frühlingszwiebeln hinzufügen.
6 • Geflügel auf dem Klebreis anrichten. Von der Bohnenkugel einige Streifen raspeln und auf den Klebreis geben.
7 • Mit schwarzem Pfeffer würzen und mit Koriander, frittierten Schalotten und Gurkensalat servieren.

KULTUR & KÜCHE

Xoi Xeo Ga wird morgens an jeder Straßenecke verkauft. Es ist bei Studenten und Arbeitern gleichermaßen beliebt, denn es sättigt gut.

ADRESSE
Xôi Xéo Gà
Xoi Yen
Nr. 35B Nguyen Huu Huan
Old Quarter
Geöffnet von 11.00 bis 21.00 Uhr

i yến
vị Hà Thàn

CHÈ ĐỖ ĐEN

Süße Schwarze-Bohnen-Suppe

Some like it hot! Einfach herrlich in den kälteren Wintermonaten und überraschend erfrischend und kühl im Sommer.

200 g schwarze Bohnen, gewaschen
Salz
250 g Zucker
100 ml dünne Kokosmilch (wahlweise)
30 g Kokosfleisch
Eiswürfel (wahlweise)

1 • Die schwarzen Bohnen in 2 Litern Wasser mit 1 Prise Salz über Nacht einweichen. Gut abspülen und abtropfen lassen.
2 • Schwarze Bohnen mit 1 Prise Salz mit frischem Wasser bedeckt kochen. Ungefähr 45 Minuten bei niedriger Hitze sanft köcheln lassen (oder bis sie fast gar sind).
3 • Zucker zugeben und diesen im Sud auflösen.
4 • Die Bohnen auf Gläser verteilen, eventuell etwas Kokosmilch zugießen. Kokosfleisch darauf anrichten.
5 • Warm oder kalt servieren. Nach Geschmack einige Eiswürfel hinzufügen.

PHỞ CHIÊN PHỒNG BÒ XÀO

Gebratenes Rindfleisch mit frittiertem Reispapier

Die Beilage aus frittiertem Reispapier macht aus diesem Gericht eine komplette Mahlzeit.

100 g quadratisches Reispapier
Öl zum Frittieren
2 EL Pflanzenöl
2 Knoblauchzehen, geschält und zerstoßen
300 g Rindfleisch, küchenfertig
2 EL Sojasauce
1 TL Zucker
200 g Wasserspinat, gewaschen und Stiele und Blätter grob gehackt
2 Tomaten, Haut abgezogen und Fruchtfleisch in Würfel geschnitten
2 Frühlingszwiebeln, weiße und grüne Abschnitte, geputzt und in Ringe geschnitten
200 ml Hühner-/Pouletbrühe
1 EL Maisstärke (wahlweise)

1 • Das Reispapier kurz in Wasser einweichen, damit es geschmeidig wird. Abtropfen lassen und 6 Lagen Reispapier übereinanderlegen. Leicht zusammendrücken und dann jeweils 3 cm große Quadrate ausschneiden. Anschließend die Seiten der Quadrate gut zusammendrücken.

2 • Reispapier trocknen lassen und dann einige Minuten im Öl frittieren, bis es goldgelb und luftig ist.

3 • 2 EL Pflanzenöl im Wok erhitzen und zerstoßenen Knoblauch darin frittieren. Temperatur erhöhen, Rindfleisch hinzufügen und 1 Minute unter Rühren braten.

4 • Sojasauce und Zucker zugeben.

5 • Wasserspinat und Tomatenwürfel hinzufügen und eine weitere Minute unter Rühren braten. Zum Schluss Frühlingszwiebeln hineingeben.

6 • Brühe zugießen und eventuell noch 1 EL Maisstärke unterrühren, um die Sauce etwas zu binden.

7 • Mit dem frittierten Reispapier servieren.

KULTUR & KÜCHE

Das frittierte Reispapier wird aus demselben Teig hergestellt, der auch für Pho Cuon verwendet wird. Meist wird dort, wo Pho Cuon erhältlich ist, auch dieses Gericht angeboten.

ADRESSE
Phở Chiên Phồng Bò Xào
Nr. 31 Ngu Xa
Truc Bach
Geöffnet von 18.00 bis 22.00 Uhr

CUA HẤP BIA

Taschenkrebs in Bier gegart

Vietnamesisches Bier ist bernsteinfarben und mild im Geschmack. Es verleiht diesem Gericht eine herrlich leichte Note.

1 ganzer Taschenkrebs à 1 kg

½ TL Salz

½ TL weißer Pfeffer, frisch gemahlen

1 TL Zucker

300 ml helles Bier

FÜR DIE GARNITUR

1 große rote Chilischote, entkernt und in Julienne geschnitten

1 Dillstängel

2 Frühlingszwiebeln, geputzt und in Julienne geschnitten

1 • Krebs gründlich reinigen, die obere Schalenhälfte entfernen und Kiemen und Magensack entfernen.

2 • Krebs unter fließendem Wasser abspülen.

3 • Mit Salz, Pfeffer und Zucker bestreuen und 30 Minuten durchziehen lassen.

4 • 220 ml Bier in einen Topf gießen und erwärmen. Krebs einige Minuten bei geschlossenem Deckel darin garen, bis das Fleisch weißlich ist.

5 • Herdplatte ausschalten, restliches Bier zugießen und kurz den Deckel wieder auflegen.

6 • Krebs aus dem Topf heben und mit Chili, Dill und Frühlingszwiebeln garnieren.

KULTUR & KÜCHE

Das Rezept kann auch mit Garnelen statt mit Taschenkrebs zubereitet werden.

BẾN
Coca-Cola
PHỞ

THỊT HEO KHO TIÊU

Fünf-Gewürze-Schweinefleisch

Dieses Gericht wird häufig in Restaurants für Com Binh Dan angeboten. Trotz des Zuckers ist es nicht zu süß, denn die Fischsauce verbindet alle Geschmackskomponenten auf wunderbare Weise.

1 kg Schweinebauchspeck, küchenfertig, in 1–3 cm lange Streifen geschnitten
6 EL Pflanzenöl
4 Schalotten, geschält und flach geklopft
2 Knoblauchzehen, geschält und zerstoßen
60 ml Sojasauce
100 g Palmzucker[22], fein gemahlen
4 Sternanis, geröstet
1 TL Fünf-Gewürze-Pulver[23]
225 ml Wasser
1 EL vietnamesische Fischsauce (Nuoc Mam)

1 • 4 EL Öl in der Pfanne erhitzen und das Schweinefleisch portionsweise unter Rühren einige Minuten knusprig braten.
2 • Restliches Öl im Wok erhitzen und Schalotten und Knoblauch darin glasig dünsten.
3 • Schweinefleisch hinzufügen und das Fleisch mit Sojasauce, Palmzucker, Sternanis und Fünf-Gewürze-Pulver würzen.
4 • Wasser zugießen und zum Kochen bringen. Sobald das Wasser kocht, Hitze reduzieren. Fleisch 1 Stunde bei niedriger Hitze schmoren lassen.
5 • 1 EL Fischsauce hinzufügen (je nach Geschmack), damit das Gericht insgesamt nicht zu süß wird.

KULTUR & KÜCHE

In Nordvietnam wird Schweinefleisch Lon genannt, im Süden hingegen Heo.

[22] siehe Seite 132
[23] aus Sichuanpfeffer, Sternanis, Fenchel- oder Anissamen, Zimt und Gewürznelken

CÁ CHIÊN SỐT CHUA NGỌT

Frittierter Fisch mit Tomatensauce

2 EL Pflanzenöl
2 Schalotten, geschält und fein gehackt
1 Knoblauchzehe, geschält und fein gehackt
400 g Pizzatomaten aus der Dose
1 Thai-Chilischote, längs aufgeschlitzt
1 EL vietnamesische Fischsauce (Nuoc Mam)
½ EL Zucker
2 EL eingelegte Frühlingszwiebel[24], nur weiße Abschnitte, geputzt

Pflanzenöl zum Frittieren
1 kleiner Seebarsch oder Dorade, küchenfertig

FÜR DIE GARNITUR
1 Frühlingszwiebel, geputzt und in Ringe geschnitten
1 Handvoll Korianderblättchen

1 • 2 EL Öl in einer tiefen Pfanne erhitzen und Schalotten und Knoblauch darin einige Minuten schmoren (bis sie genügend Aroma abgeben). Tomaten und Saft aus der Dose hinzufügen. Thai-Chili dazugeben. Falls es etwas schärfer sein soll, auch die Kerne verwenden. Mit Fischsauce und Zucker würzen. Alle Zutaten bei niedriger Hitze zu einer dicklichen Sauce einkochen. Eingelegte Frühlingszwiebeln hineingeben. Sie verfeinern den Geschmack der Sauce.
2 • Öl im Wok auf 175 °C erhitzen.
3 • Den Fisch in 2 cm dicke Scheiben schneiden und rundum knusprig braten.
4 • Fisch auf dem Teller anrichten und mit der Sauce übergießen. Mit Frühlingszwiebeln und Koriander garnieren.

KULTUR & KÜCHE

Häufig wird dieses Gericht an den Com Binh Dan-Ständen in Hanoi mit Makrelenstücken angeboten.
Vietnamesische Köche dicken die Sauce mit Maisstärke oder Mehl an. Falls Sie für dieses Rezept Dosentomaten verwenden, ist das nicht notwendig. Die Sauce muss nur lange genug köcheln, genau wie die echte Tomatensauce der italienischen Mamas.
Der Fisch kann auch am Stück im Wok von beiden Seiten gebraten werden.

[24] Frühlingszwiebel-Pickles, die einige Tage in Essig, Zucker und Salz eingelegt werden.

CANH RAU MUỐNG

Klare Brühe mit Wasserspinat

Die Suppe wird zu einer kompletten Mahlzeit serviert, denn sie neutralisiert den Geschmack und gleicht die Aromen der verschiedenen Gerichte aus.

150 g getrocknete Garnelen
2 l Wasser
1 Zwiebel, geschält und fein gehackt
1 TL Salz
1 TL Garnelenpaste
1 Bund Wasserspinat, gewaschen
½ TL schwarzer Pfeffer, frisch gemahlen

1 • Die getrockneten Garnelen in 1/8 Liter Wasser etwa 30 Minuten einweichen. Gut abtropfen lassen, dabei die Flüssigkeit auffangen.
2 • Garnelen im Mörser fein zerstampfen.
3 • 1 ¾ Liter Wasser zusammen mit der aufgefangenen Garnelenflüssigkeit in einen großen Topf füllen. Zwiebel, Salz und gemörserte Garnelen hineingeben.
4 • Garnelenpaste hinzufügen.
5 • Bei niedriger Hitze köcheln lassen und Wasserspinat hinzugeben. Mit Pfeffer würzen.

KULTUR & KÜCHE

Diese Suppe wird manchmal auch mit Bittergurken zubereitet.
Im Winter wird statt der leichten Gemüsebrühe meist eine kräftige Hühnerbrühe verwendet.

RAU MUỐNG XÀO CHAO

Pfannengerührter Wasserspinat in gelber Bohnensauce

Eine wunderbare Ergänzung zu einem reichhaltigen Menü, zu Com Binh oder als Bestandteil eines Buffets.

1 EL Pflanzenöl
2 Knoblauchzehen, geschält und zerstoßen
200 g Wasserspinat, in mundgerechte Stücke geschnitten, Blätter ganz gelassen
1½ EL helle Sojasauce
½ TL Zucker
1 TL gelbe Bohnensauce (dickflüssige Würze aus fermentierten Sojabohnen)
2–3 EL Wasser

1 • Öl in einer Pfanne erhitzen. Knoblauch unter Rühren im Öl braten und zügig den Wasserspinat hinzufügen. Mit Sojasauce, Zucker und gelber Bohnensauce würzen. Unter Rühren noch kurz weiterbraten, bis die Masse in sich zusammenfällt.

2 • Etwas Wasser zugießen und sofort servieren. Der Wasserspinat sollte noch knackig sein.

KULTUR & KÜCHE

Wenn der Wasserspinat kurz vor der Zubereitung in Eiswasser gelegt wird, behält er seine grüne Farbe und bleibt fest.

Kochen mit Freunden

Sozusagen zum Abschied – meine Zeit in Hanoi war fast um – wollte ich meinen vietnamesischen Freunden ein Geschenk machen. Ich fuhr volles Risiko: Ohne zu wissen, in welches Abenteuer ich mich da stürzte, beschloss ich, zusammen mit Yves ein vietnamesisches Essen zu kochen. Schon allein die Idee war waghalsig. Vietnamesen haben eine feine Nase für frische Zutaten, sind streng in der Handhabung der richtigen Schneidetechniken und äußerst kritisch in Bezug auf den Geschmack. Ich würde ganz bestimmt durchfallen ...

Schon früh am Morgen lief ich mit meiner Einkaufsliste Richtung Markt. Ich kam zurück mit Tüten voll frischem Gemüse, Fleisch, Fisch und Meeresfrüchten. ***Die Garnelen, die ich gekauft hatte, lebten noch*** und die Plastiktüten, in denen sie eingepackt waren, zuckten in meiner Einkaufstasche.

Auf dem Markt Truc Bach fühlte ich mich zu Hause. Ich konnte stundenlang dort herumlaufen, ohne mich zu langweilen. Wie herrlich ist es doch, sich an den Ständen mit Fleisch, Fisch und Gemüse umzusehen – und mitzuerleben, wie Kunden und Händler um den Preis feilschen. Allerdings hatte ich oft das Gefühl, zu viel zu bezahlen. Wenn ich mich nach einem Einkauf umdrehte und zum nächsten Marktstand lief, spürte ich die Blicke der Verkäufer im Rücken. Gerade so, als hätte jemand ein Pokerspiel mit mir gewonnen. Aber warum klage ich wegen eines halben Dollars! Mir war die Unterhaltung mit den Menschen viel wichtiger. Dass ich nicht den richtigen Preis bezahlte, lag vermutlich an meinen unzureichenden Vietnamesisch-Kenntnissen und an meinem schlechten Verhandlungsgeschick. Voilà, die Zutaten hatte ich beisammen. Ich rief meine vietnamesischen Freunde an und lud sie zu einem vietnamesischen Essen am frühen Abend ein.

Meine Freundin Thuy, die Assistentin und Hilfsköchin von Madame Thuyet, hatte ich ebenfalls eingeladen. Sie kam viel zu früh zu unserer Feier. Als in einer Küche unerfahrener Koch, in der alles nach genauen Regeln abläuft, hatte ich lieber keine Topfgucker, die mir bei den Vorbereitungen oder beim Kochen selbst über die Schulter sahen. Und es fing auch gleich gut an. Thuy hatte so einiges an der Auswahl meiner Zutaten auszusetzen. Auch der Geschmack meiner Nouc Cham schien ihr zu missfallen. Sie machte mich ganz nervös. Wahrscheinlich war ihre Kritik berechtigt, aber ich war zu starrsinnig, um das in diesem Augenblick zuzugeben. Mein Selbstvertrauen stärkte es nicht gerade.

Ich musste die Flucht nach vorn antreten und forderte sie spaßeshalber zu einem Wettkochen heraus. Sie ging sofort darauf ein. Wir beide wollten versuchen, den besten Bananenblüten-Hähnchen-Salat (**Om Hoa Chuoi Thit Ga,** Seite 169) zuzubereiten. Lit, Chang, Luk und Yves erklärten sich bereit, als Jury zu fungieren.

Ich bereitete meine Variante mit Limette, Fischsauce und reichlich Zucker zu. Sie wählte eine Variante mit Essig, Salz und Zucker. Essig und Salz erschienen mir für dieses Gericht viel zu westlich. War das nicht eine verkehrte Welt? Ich wählte als Gewürz *Rau Ram* (den vietnamesischen Koriander, der leicht beißend sein kann) für diesen Salat, sie hielt sich an Minze und Koriander und war enttäuscht, dass wir kein Thai-Basilikum im Hause hatten. »Basil is nice with chicken salad«, hörte ich sie noch sagen.

Wir zogen uns gegenseitig auf und lachten viel während unseres spielerischen Wettbewerbes. Ich war sehr stolz, als Lit meinen Salat am leckersten fand. Der Wettbewerb endete unentschieden, denn wir hatten beide gleich viele Stimmen. Das ist der allerbeste Beweis dafür, dass Zubereitungsmethode und Ergebnis ein und desselben Gerichtes sehr unterschiedlich sein können und dass verschiedene Personen ein und dasselbe Gericht unterschiedlich im Geschmack bewerten. Kochen heißt eben auch, zu experimentieren und zu probieren. Und Geschmack ist subjektiv.

Die anderen Gäste trafen ein. Dank Lits Kompliment fühlte ich mich wieder etwas besser. Ich servierte die von den Franzosen in Vietnam eingeführten gefüllten Tomaten mit Hackfleisch **(Ca Chua Nhoi Thit,** Seite 170) als Vorspeise. Ich hatte das Gericht vor einiger Zeit in einem Restaurant in der Dinh Liet gegessen und hatte mir immer vorgenommen, es nachzukochen.

Danach tischte ich eine Suppe mit Fisch und Ananas **(Canh Chua Ca,** Seite 173) auf. Ich war überaus zufrieden mit dem Ergebnis, doch ich bedauerte, dass ich nicht mehr Tamarinde hatte.

Ich kochte Reis und bereitete noch weitere Gerichte zu: Gegrilltes Hähnchen **(Ca Nuong Ngu Vi Huong,** Seite 175), Lotusstängel-Garnelen-Salat **(Goi Ngo Sen,** Seite 63) und Shiitake-Pilze in Sojasauce **(Dau Hu Kho Nam,** Seite 179). Als Nachtisch servierte ich Joghurt mit schwarzem Klebreis **(Che Sua Chua Nep Cam,** Seite 184).

Den Gästen schien das Essen gut zu schmecken und der Kasten Bier war schnell geleert. Es wurde ein gemütlicher Abend und wir aßen und redeten über das Essen in den vietnamesischen Garküchen. Wir stießen an mit den Worten »Chuc suc khoe!« (Gesundheit!), worauf Lit scherzend antwortete: »Tram phan tram?« (Bis der Boden leer ist?).

Miss Hang und Miss Hong, zwei vietnamesische Journalistinnen, die ebenfalls zum Essen eingeladen waren, sorgten für eine doppelte Überraschung. Hang hatte ein Dessert aus Obst und Kondensmilch *(Hoa Qua Dam)* mitgebracht, während Hong grünen Klebreis und Mais mit Kokosmilch **(Che Ngo Com,** Seite 182) zubereitet hatte. Ich hatte von diesem jungen grünen Reis noch nie gehört und war sehr überrascht von der »neuen« Zutat.

Während meiner Aufenthalte in Vietnam hatte ich oftmals das Gefühl, jeden Tag aufs Neue ein Street-Food-Abenteuer zu erleben: Jeden Tag lernte ich neue Zutaten, Kochmethoden und neue Orte kennen. Es hörte nie auf. Ich hätte noch jahrelang weiterforschen können. Genau wie auch beim Kochen lernt man ständig etwas Neues kennen, probiert andere Produkte aus und entdeckt Variationen. Gerade das ist das Schöne daran. Die Tugend des Kochens ist eine nie versiegende Quelle an Inspiration, Erkenntnis und Wissen.

Dank der vielen hilfsbereiten und lieben Menschen genoss ich das Privileg, das Essen der Garküchen in Hanoi ganz aus der Nähe kennen zu lernen. Ich habe die leckersten Speisen probiert und ausgesprochen herzliche Momente erleben dürfen. Das Tolle beim Essen auf der Straße in Hanoi ist, dass es einerseits sehr billig ist, und man andererseits direkten Kontakt zu den Köchen und ihren Familien bekommt, welche die Gerichte zubereiten oder servieren. So lernt man spannende, authentische und manchmal auch alte Speisen und ihre Geschichte kennen. Das Einzige, was man tun muss, ist, auf die Menschen zuzugehen und dem Erlebten gegenüber offen zu sein.

NỘM HOA CHUỐI THỊT GÀ

Bananenblüten-Hähnchen-Salat

Bananenblüten lassen sich gut verarbeiten, aber es ist nicht ganz einfach, sie zu bekommen.

1 mittelgroße ungeöffnete Bananenblüte, gewaschen und in feine Julienne geschnitten, in Limettenwasser aufbewahren (Asialaden; ersatzweise Chicorée)
1 Hähnchenbrustfilet, gegart oder pochiert in Geflügelbrühe
1 kleine Möhre, geschält und in lange dünne Streifen geschnitten
¼ Gurke, geschält und in lange dünne Streifen geschnitten
1 süße Zwiebel, geschält und in lange dünne Streifen geschnitten
frische Kräuter, z.B. Koriander und Rau Ram[25], in feine Streifen geschnitten
¼ TL Salz
Nuoc Cham (siehe Seite 187)
2 EL Limettensaft
1 EL Zucker

FÜR DIE GARNITUR

2 EL geröstete Erdnüsse, grob zerstoßen
2 EL Schalotten, geschält, fein gewürfelt und frittiert
1 EL Sesamsamen, geröstet
1 große rote Chilischote, entkernt und in Julienne geschnitten

1 • Bananenblütenstreifen gut abtropfen lassen. Überschüssige Feuchtigkeit mit der Hand ausdrücken.

2 • Hähnchenfleisch in Streifen schneiden und mit Möhre, Gurke, Zwiebel und Bananenblütenstreifen mischen. Die Hälfte der Kräuter untermischen und mit Salz würzen.

3 • **Nuoc Cham** mit 2 EL Limettensaft und etwas Zucker mischen und unter die übrigen Zutaten heben.

4 • Den Salat auf kleine Teller geben. Mit Erdnüssen, frittierten Schalotten, Sesamsamen, Chilistreifen und den restlichen Kräutern anrichten.

KULTUR & KÜCHE

Zum Reinigen der Bananenblüten die äußeren Blätter entfernen und beiseitestellen. Das Herz herausbrechen. Bananenblüte der Länge nach vierteln und den weißen, harten und bitteren Teil herausschneiden, ähnlich wie beim Chicorée. Babybananen und Blütenstempel entfernen. Die Babybananen lassen sich am besten durch leichtes Herausbiegen lösen. Es ist wichtig, dass sie vollständig entfernt werden.
Nun die restlichen Blütenblätter quer in sehr dünne Streifen schneiden und mindestens eine Stunde in Limettenwasser einweichen, damit die Blätter ihren bitteren Geschmack verlieren und sich nicht verfärben. Die äußeren Blätter können zum Servieren des Salats verwendet werden.

[25] siehe Seite 57

CÀ CHUA NHỒI THỊT

Gefüllte Tomaten mit Hackfleisch auf vietnamesische Art

Von einem Aufenthalt in Hanoi brachte mein Kollege Benoît dieses Rezept mit.

10 Tomaten, möglichst Roma-Tomaten, Stielansatz entfernt

FÜLLUNG

300 g Schweinehackfleisch

2 getrocknete Baumohrpilze (ersatzweise Mu-Err-Pilze), 30 Minuten in Wasser eingeweicht, harte Abschnitte entfernt, Hüte fein gehackt

2 Knoblauchzehen, geschält und zerstoßen

2 Schalotten, geschält und fein gewürfelt

2 Frühlingszwiebeln, geputzt und in Ringe geschnitten

2 EL vietnamesische Fischsauce (nach Geschmack)

¼ TL schwarzer Pfeffer, frisch gemahlen

½ TL Salz

TOMATENSAUCE

1 Schalotte, geschält und fein gewürfelt

3 Knoblauchzehen, geschält und zerstoßen

½ TL Zucker

1 EL vietnamesische Fischsauce (nach Geschmack)

500 g Pizzatomaten aus der Dose

FÜR DIE GARNITUR

weißer Pfeffer, frisch gemahlen

1 Frühlingszwiebel, geputzt und in Ringe geschnitten

2 EL Schalotte, geschält, fein gehackt und frittiert

einige Korianderblättchen, gehackt

1 • Den Backofen auf 175 °C vorheizen. Deckel von den Tomaten abschneiden und beiseitelegen. Fruchtfleisch herauslöffeln.

2 • Für die Füllung Hackfleisch mit den Pilzen mischen. Knoblauch, Schalotten und Frühlingszwiebeln hinzufügen und mit Fischsauce, schwarzem Pfeffer und Salz würzen.

3 • Für die Tomatensauce Schalotte und Knoblauch leicht anschwitzen, Tomaten zugeben und Zucker einrieseln lassen und mit Fischsauce würzen. Tomatensauce mindestens 15 Minuten zu einer dicklichen Sauce einkochen.

4 • Die aufgeschnittenen Tomaten mit der Hackfleischmischung füllen und die Tomatendeckel wieder auflegen. Die gefüllten Tomaten in eine Auflaufform setzen und im Backofen 15 Minuten garen.

5 • Einige Esslöffel Tomatensauce auf den Teller geben und die gefüllten Tomaten darauf anrichten. Mit Pfeffer würzen und mit Frühlingszwiebel, frittierter Schalotte und Koriander garnieren.

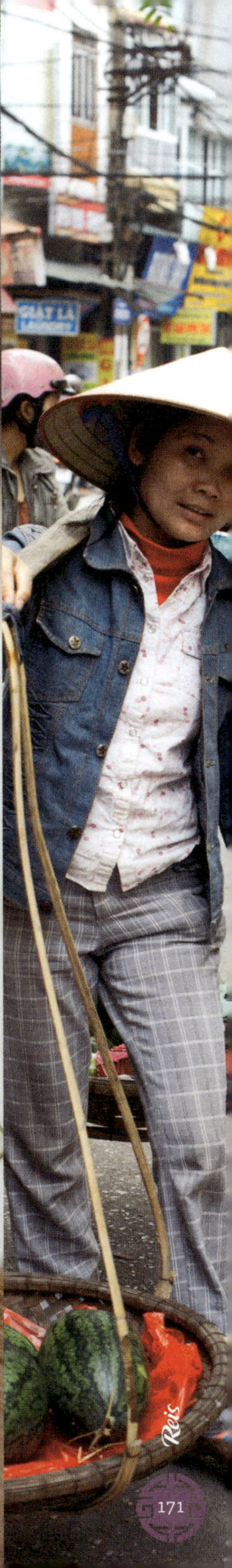

CANH CHUA CÁ

Klare (saure) Fischbrühe

Canh ist Vietnamesisch für klare Brühe oder Suppe. Es gibt unzählige Variationen, häufig mit Gemüse wie Wasserspinat oder bitterer Melone (Canh Rau). Can Chua Ca ist eine säuerlich schmeckende Suppe, die mich ein wenig an die thailändische Tom Yam Kung erinnert.

1 EL Pflanzenöl
1 Knoblauchzehe, geschält und flach geklopft
½ TL Chilipaste
1 l klare Hühner-/Pouletbrühe
2 EL Tamarindensaft
1 EL vietnamesische Fischsauce (Nuoc Mam)
1 TL Zucker
500 g fester Fisch, z.B. Seeteufel oder Katfisch, gewürfelt
¼ Ananas, geschält und in Stücke geschnitten
2 reife Tomaten, geachtelt und Stielansätze entfernt

FÜR DIE GARNITUR
1 Handvoll Sojabohnensprossen
1 Thai-Chilischote, entkernt und in Ringe geschnitten
2 Frühlingszwiebeln, geputzt und in Ringe geschnitten
schwarzer Pfeffer, frisch gemahlen
1 Bund Koriander, Blätter und Stängel grob gehackt
kleine Dillstängel

1 • Öl in einem hohen Topf erhitzen und Knoblauch und Chilipaste bei niedriger Hitze im Öl braten. Brühe zugießen und zum Kochen bringen.

2 • Tamarinde, Fischsauce und Zucker hinzufügen. Fischstücke zugeben und bissfest garen, dann Ananas und Tomaten in den Topf geben. So lange weiter garen, bis der süß-saure Geschmack der Ananas deutlich heraustritt, allerdings sollte der Fisch nicht zu lange gegart werden. Falls nötig, noch etwas Fischsauce und/oder Zucker hinzufügen.

3 • Brühe, Fisch, Ananas und Tomaten auf Suppenschalen verteilen und je nach Geschmack mit Sojabohnensprossen, Frühlingszwiebeln und Chili garnieren. Mit frisch gemahlenem, schwarzem Pfeffer würzen und mit Koriander und einem kleinen Dillstängel anrichten.

KULTUR & KÜCHE

Eine andere, ebenfalls sehr bekannte Brühe ist Canh Rau Ngót, die ihren besonderen Geschmack durch die Rau-Ngót-Blätter erhält (Sauropus androgynus; gehört zu den Wolfsmilchgewächsen und wird auch Süßblattbusch genannt). Es gibt dieser typischen Canh erst die Würze. Canh Rau Ngót wird häufig zu Com Binh, der vietnamesischen Reistafel, serviert und bildet ein gutes Gegengewicht zu Gerichten mit ausgeprägtem Geschmack.

GÀ NƯỚNG NGŨ VỊ HƯƠNG

Grillhähnchen mit Kurkuma und Fünf-Gewürze-Pulver

Vietnamesen sind verrückt nach Grillgerichten. Häufig werden ganze Straßen zu großen Grillpartys umfunktioniert.
Das Geheimnis dieses schmackhaften Gerichts ist Ruou Gao, der unter die Marinade gerührt wird. Diese Art fermentierter Reiswein ähnelt Sake.

1 ganze Poularde, küchenfertig, geachtelt, oder 4 Hähnchen-/Pouletbrustfilets, ebenfalls küchenfertig

FÜR DIE MARINADE

2 EL frischer Ingwer, geschält und fein gehackt
2 Knoblauchzehen, geschält und fein gehackt
1 EL frische Kurkumawurzel, geschält und fein gehackt
½ TL grobes Meersalz
2 EL Zucker
1 TL Fünf-Gewürze-Pulver[26]
1 EL vietnamesische Fischsauce (Nuoc Mam)
2 EL helle Sojasauce
1 EL Reiswein oder Sake

1. Ingwer, Knoblauch, Kurkuma, Zucker, Salz und Fünf-Gewürze-Pulver in einem Mörser zu einer glatten Paste stampfen. Mit Fischsauce, Sojasauce und Reiswein oder Sake verrühren.
2. Die Geflügelteile gründlich mit der Marinade einreiben und mindestens 4 Stunden durchziehen lassen.
3. Die Hähnchenteile möglichst auf dem Holzkohlengrill knusprig braten. Zwischendurch immer wieder wenden.

KULTUR & KÜCHE

Sie können die Geflügelteile auch auf Spieße stecken und dann grillen.
Ein Gurkensalat (siehe Seite 177) ist eine leckere Beilage dazu.
Die Marinade lässt sich auch für gegrillte Schweinerippchen (Suon Non Quay) verwenden. Dazu allerdings Kurkuma und Ingwer durch 1 EL dunkle Sojasauce ersetzen.

[26] Sichuanpfeffer, Sternanis, Fenchel- oder Anissamen, Zimt und Gewürznelken

NỘM DƯA CHUỘT

Gurkensalat

Ein herrlich erfrischender Salat, wunderbar zu allem Gegrillten.

300 ml Reisessig
3 EL Zucker
½ TL Salz
1 EL Limettensaft
1 große rote Chilischote, entkernt und schräg in schmale Ringe geschnitten
1 Schalotte, geschält und in Scheiben geschnitten
4–6 kleine Gartengurken, gewaschen, in der Länge halbiert, entkernt und in Scheiben geschnitten

FÜR DIE GARNITUR
einige Korianderstängel

1 • In einem Topf Reisessig mit Zucker und Salz mischen. Bei mittlerer Hitze erwärmen, bis der Zucker aufgelöst ist. Abkühlen lassen.

2 • Limettensaft, Chili, Schalotte und Gurke hinzufügen. Für 30 Minuten in den Kühlschrank stellen und dann mit Korianderstängeln servieren.

KULTUR & KÜCHE

Wir verwenden am liebsten die aromatischen kleinen Gartengurken (sogenannte Libanongurken, ca. 12–18 cm lang).

ĐẬU PHỤ KHO NẤM

Schmortopf von Tofu und Shiitake-Pilzen

Tofu wird in der vietnamesischen Küche häufig verwendet. Ich war eigentlich kein großer Freund von Tofu, bis ich von meiner Freundin Thao Co und ihrer Familie zum Essen eingeladen wurde. Dort probierte ich Tofu von allerbester Qualität, pur mit Nuoc Cham serviert. Für den Schmortopf wird der Tofu vorher frittiert.

250 g Tofu
Pflanzenöl zum Frittieren
75 ml helle Sojasauce
3 EL dunkle süße Sojasauce (z.B. indonesischen Ketjab Manis)
2–3 EL brauner Zucker
1 EL Knoblauchöl (siehe Seite 190)
20 Shiitake-Pilze, geputzt
¾ l Wasser
1 Knoblauchzehe, geschält und fein gehackt

FÜR DIE GARNITUR
1 Handvoll Sojabohnensprossen
2 Frühlingszwiebeln, geputzt und in Ringe geschnitten
1 große rote Chilischote, entkernt und schräg in grobe Abschnitte geschnitten (nach Geschmack)
schwarzer Pfeffer, frisch gemahlen
zusätzlich etwas Zucker (wahlweise)

1 • Tofu in 3 Zentimeter große Würfel schneiden und trocken tupfen.
2 • Pflanzenöl in einem Topf mit beschichtetem Boden auf 175 °C erhitzen. Tofuwürfel im heißen Öl etwa 2–3 Minuten von allen Seiten goldgelb frittieren. Tofuwürfel mit einem Schaumlöffel aus dem Topf heben und abkühlen lassen.
3 • Helle Sojasauce, dunkle Sojasauce, Zucker und Knoblauchöl zu einer Marinade verrühren. Tofuwürfel und Shiitake-Pilze in der Marinade ziehen lassen.
4 • Marinade mit Tofu und Pilzen in einen Topf geben, mit ¾ Liter Wasser auffüllen und zum Kochen bringen. Bei offenem Deckel solange siedend kochen lassen, bis die Hälfte der Kochflüssigkeit verdampft ist. Nun fein gehackten Knoblauch zugeben und das Schmorgericht kurz weiter einkochen lassen.
5 • Abschmecken und mit Pfeffer würzen.
6 • Mit Sojabohnensprossen, Frühlingszwiebeln und nach Geschmack mit roter Chili garnieren.
7 • Eventuell noch etwas Zucker hinzufügen.

KULTUR & KÜCHE

Vietnamesische Sojasauce ist etwas milder als japanische oder thailändische. Gerichte schmecken dadurch ausgewogener. Falls Sie keine vietnamesische Sojasauce bekommen können, nehmen Sie etwas mehr von der süßen Sojasauce, damit der salzige Geschmack nicht zu sehr dominiert.

CHÈ XOÀI

Mangopudding

Hier nun ein Che, der einem Pudding sehr ähnelt.

- **4** reife Mangos, geschält und gewürfelt
- **225 ml** Wasser
- **60 g** Perltapioka
- **400 ml** dünne Kokosmilch
- **100 g** Zucker
- **1** Vanillestange, aufgeschnitten

1 • Die Hälfte der Mangos pürieren und beiseitestellen.

2 • Tapiokaperlen im Wasser aufkochen. Sobald das Tapioka seine Farbe ändert, Hitze reduzieren und Kokosmilch, Zucker und Vanillestange hinzufügen. Etwa 10 Minuten leicht köcheln.

3 • Kokos-Tapioka-Mischung etwas abkühlen lassen und die Vanillestange entfernen.

4 • Zuerst das Mangopüree, dann die Mangowürfel unter die Mischung rühren.

5 • Den Pudding auf Schälchen verteilen und ganz abkühlen lassen.

CHÈ NGÔ CỐM

Junger grüner Reis und Mais mit Kokosmilch

Grüner Reis oder Com gehört zu meinen jüngsten Entdeckungen in Vietnam. Da ich Hanoi bisher immer im Februar besucht hatte, war mir dieses Gericht bisher noch nie aufgefallen. Mein Freund Lit führte mich zu einer alten Dame, die bekannt dafür war, Com zuzubereiten.

1 Maiskolben
Wasser
100 g Zucker
3 EL Maniokmehl (ersatzweise Speisestärke)
400 g junger grüner Reis (Com)
100 ml dünne Kokosmilch
100 ml gesüßte Kondensmilch
1 Prise Salz
Eiswürfel (wahlweise)

1 • Maiskolben gründlich waschen und putzen. Wasser im Topf zum Kochen bringen, Maiskolben darin bissfest garen. Maiskörner vom Kolben lösen und fein hacken.

2 • Den fein gehackten Mais in 1 l Wasser zum Kochen bringen. Zucker hinzufügen. Sobald der Zucker aufgelöst ist, die Hitze reduzieren.

3 • 2 EL Maniokmehl und 3 EL kaltes Wasser in einem Schälchen glattrühren. Die Mischung unter ständigem Rühren zum Mais geben, sodass eine dickliche Masse entsteht.

4 • Die Masse auf 70 °C abkühlen lassen und dann den jungen grünen Reis vorsichtig unterrühren. Falls nötig, die Masse erneut auf 70 °C erhitzen, bis der Reis bissfest ist.

5 • Erneut 100 ml Wasser zum Kochen bringen, Kokosmilch und Kondensmilch zugießen. In einem Extra-Schälchen 1 EL Maniokmehl und 2 EL Wasser mischen und unter ständigem Rühren in die Masse geben. Mit 1 Prise Salz würzen.

6 • Zwei Teile der Reis-Mischung und einen Teil der Kokosmischung in eine Schüssel füllen.

7 • Warm oder kalt servieren. Eventuell noch Eiswürfel hinzufügen.

KULTUR & KÜCHE

Com (grüner Reis) wird in Nordvietnam ohne Beilagen gegessen und gilt als Delikatesse. Es gibt ihn nur während der warmen Augustwochen. Wenn eine frische Brise aufkommt und morgens der Tau über den Reisfeldern liegt, kann der Reis geerntet werden. Der Reis ist farblos und wird auch nicht gekocht. Die noch nicht ausgereiften Reiskörner werden bei niedriger Hitze geröstet und dann mit größter Sorgfalt mehrmals nach einem bestimmten Muster flach gestampft, damit die Faserschicht gelöst, das frische Aroma und die Farbe aber erhalten bleiben.

Das Gericht wird traditionell auf einem Lotusblatt serviert und hat einen leicht nussigen Geschmack. Das Dörfchen Vong ist bekannt für seinen grünen Reis. Während eines Sommerfests im August wird der grüne Reis am Familienaltar geopfert.

CHÈ SỮA CHUA NẾP CẨM

Joghurt mit schwarzem Klebreis

250 g schwarzer Klebreis
1 l Wasser
400 ml Kokosmilch
200 g Zucker
1 Prise Salz
1 kg Naturjoghurt

zerstoßenes Eis

1 • Den schwarzen Klebreis über Nacht in ausreichend Wasser einweichen.
2 • Am nächsten Tag den Klebreis mit etwas Wasser 2 Minuten garen.
3 • Kokosmilch mit Zucker und Salz aufkochen und eindicken lassen. Klebreis hinzufügen, gut einrühren und in der Kokosmilch ziehen lassen.
4 • Im Kühlschrank kühl stellen.
5 • Joghurt in Gläser füllen, Klebreis und bei Bedarf zerstoßenes Eis darüber geben und servieren.

NƯỚC CHẤM

Vietnamesische Sauce

Auf keinem vietnameschen Tisch darf Nuoc Cham fehlen. Die Sauce verleiht Gerichten die nötige Würze und gibt ihnen eine pikante Note. Im Restaurant La Verticale des Kochs Didier Corlou probierte ich eine mehr als zehn Jahre alte Fischsauce. Sehr würzig, aber äußerst delikat im Geschmack. Von Didier bekam ich ein kleines Döschen parfümiertes Salz, das aus dem Fermentierungsprozess der kleinen Fischchen stammt, mit dem die typisch vietnamesische Fischsauce hergestellt wird.

1 Thai-Chilischote, entkernt und grob gehackt
1 Knoblauchzehe, geschält
3 EL Zucker
⅛ l Wasser, **1 EL** Reisessig
5 EL vietnamesische Fischsauce (Nuoc Mam)
2–3 EL Zitronensaft

1 • Chili und Knoblauch im Mörser zu einer glatten Paste stampfen. Zucker hinzufügen und weiter stampfen, bis der Zucker sich durch die Chili rot färbt.

2 • Wasser in einer Kasserolle zum Kochen bringen, 1 EL Essig und die Mischung aus Chili, Knoblauch und Zucker hineingeben.

3 • Die Fischsauce unterrühren und alle Zutaten einkochen lassen.

4 • Herdplatte ausschalten und je nach Geschmack noch 2–3 EL Zitronensaft zugeben.

KULTUR & KÜCHE

Fischsauce (Nuoc Mam) ist die Grundlage für Nuoc Cham. Es gibt viele verschiedene Sorten von Fischsauce, sodass eine Nuoc Mam immer wieder anders schmeckt.
Fischsauce wird durch die Fermentierung eines kleinen Fisches (Ca Com – vergleichbar mit der Sardelle) mit Salz gewonnen. Nach einigen Wochen wird die Sauce herausgepresst.
Die Insel Phu Quoc in Südvietnam und die Gegend rund um Phan Tiet sind für ihre Fischsaucen bekannt. Ich bevorzuge die hellere, leichtere Fischsauce gegenüber der dunkleren Variante.
Viele Menschen rümpfen die Nase bei ihrem Geruch. Doch ohne diese fantastische Zutat geht es nicht. Sie erst macht die vietnamesische und thailändische Küche zu dem, was sie ist.
Schon die alten Römer waren leidenschaftliche Anhänger der Fischsauce, genannt gaurum. Die Tradition geriet in Vergessenheit, als Salz als Konservierungs- und Zahlungsmittel aufkam. Es waren drei verschiedene Sorten bekannt, die jeweils aus verschiedenen Fischteilen hergestellt wurden.
Es gibt in Vietnam Dutzende Varianten dieses Gewürzmittels: verfeinert mit Gurke, mit Möhre und Papaya u.a. Es macht Freude, mit dem Verhältnis von sauer (Limette) und salzig (Fischsauce) und den verschiedenen Fischsaucen-Marken zu experimentieren, um seine eigene Lieblings-Nuoc Mam zu entdecken.
In Hanoi werden auch häufig Kumquats oder Zwergorangen verwendet, um der Nuoc Mam eine frische Note zu geben, aber Mandarinen tun es auch. Der Nuoc Mam Ca Cuong ist das Sekret des Insektes Ca Cuong untergemischt (siehe auch Seite 52 f.).

MẮM TÔM

Sauce mit Garnelenpaste

Diese Sauce zum Dippen und Würzen ist mit ihrem starken Aroma zwar nicht jedermanns Sache, aber sehr authentisch.

3–4 EL Garnelenpaste
4 Knoblauchzehen, geschält und fein gehackt
warmes Wasser
1 EL Limettensaft
½ TL Zucker
2 EL Pflanzenöl

1 • Garnelenpaste mit dem Knoblauch mischen. So viel warmes Wasser einrühren, bis eine sämige Paste entsteht. Etwas Limettensaft und wenig Zucker hinzufügen.

2 • 2 EL Öl in einer Pfanne erhitzen und das heiße Öl unter die Sauce mit der Garnelenpaste rühren. Eventuell Öl, das sich an der Oberfläche absetzt, später abgießen.

KULTUR & KÜCHE *Durch das heiße Öl kocht die Garnelenpaste und der durchdringende Geruch verschwindet größtenteils.*

MỠ HÀNH

Frühlingszwiebelöl

100 ml Pflanzenöl
4 Frühlingszwiebeln, weiße und grüne Abschnitte, geputzt und in Ringe geschnitten

1 • Öl in einer Pfanne bei mittlerer Hitze erwärmen und unter Rühren die Frühlingszwiebeln hinzufügen.

2 • Nach 15 Minuten die Pfanne vom Herd ziehen und das aromatisierte Öl in eine Glasschüssel gießen und möglichst im Kühlschrank abkühlen lassen. So bleibt die schöne grüne Farbe des Frühlingszwiebelöls erhalten.

KULTUR & KÜCHE *Mit etwas Frühlingszwiebelöl lassen sich Salate, Nudelsuppen oder -gerichte raffiniert aromatisieren. Schon ein halber Teelöffel des Öls verleiht Reisnudeln eine angenehme Textur und ein herrliches Aroma.*

MUỐI TIÊU CHANH

Pfeffer-Salz-Limetten-Dip

Wahnsinnig einfach und superlecker! Zu Grillgerichten immer ein voller Erfolg.

1 TL Salz
1 TL weißer Pfeffer, frisch gemahlen
½ Limette, Saft

1 • In eine Hälfte einer Schale 1 TL Salz und in die andere Hälfte 1 TL weißen Pfeffer geben. Mit dem Limettensaft servieren und bei Tisch verrühren.

KULTUR & KÜCHE *Wird der Pfeffer durch Thai-Chilipfeffer ersetzt, bekommt der Dip eine angenehm scharfe Note. Statt Limettensaft kann auch Zitronensaft verwendet werden.*

NƯỚC HÀNG

Karamellsauce

Karamellsauce passt zu vielen Gerichten, wird aber meist zu gegrilltem Fleisch oder in Schmorgerichten verwendet, um den süßen Geschmack zu intensivieren.

80 ml Wasser
120 g Zucker

1 • Wasser in einem Topf erhitzen.

2 • In einer Kasserolle den Zucker bei mittlerer Hitze schmelzen lassen. Kurz durchrühren, damit die Ränder nicht anbrennen. Tiefbraun karamellisieren lassen.

3 • Die Kasserolle vom Herd ziehen, das warme Wasser vorsichtig (!) angießen. Gut umrühren, bis sich der Karamell im Wasser aufgelöst hat.

NƯỚC MẮM GỪNG

Ingwer-Limetten-Dip

Schmeckt vorzüglich zu gedünsteten Schnecken, gegrilltem Fisch oder Hähnchen!

1 Thai-Chilischote, entkernt
1 Knoblauchzehe, geschält und fein gehackt
1½ EL Zucker
2 EL vietnamesische Fischsauce (Nuoc Mam)
4 EL Wasser
3 Limetten, Saft
6 cm frischer Ingwer, geschält und fein gehackt
1 Kaffirlimettenblatt, in sehr feine Julienne geschnitten (wahlweise)

1 • Chili und Knoblauch im Mörser zu einer glatten Paste stampfen. Zucker dazugeben und weiter stampfen, bis der Zucker sich durch die Chili rot färbt.
2 • Fischsauce, Wasser und Limettensaft hinzufügen. Geschmack überprüfen.
3 • Fein gehackten Ingwer unterrühren. Eventuell mit dem Kaffirlimettenblatt würzen.

TINH DẦU TỎI

Knoblauchöl

Kinderleicht zu machen und so was von lecker. Garantiert ein Erfolg zu allem Gegrillten!

¼ l Pflanzenöl
6 Knoblauchzehen, geschält und fein gehackt

1 • Öl im Wok auf 175 °C erhitzen. Fein gehackte Knoblauchzehen unter Rühren braten, bis diese Farbe nehmen (gelb bis goldbraun). Das kann sehr schnell gehen. Durch ständiges Rühren wird das Anbrennen des Knoblauchs verhindert.
2 • Öl durch ein Metallsieb gießen und abkühlen lassen. Knoblauch auf Küchenpapier abkühlen lassen und später zum Aromatisieren von Salaten und Nudelsuppen weiter wenden. Das aromatisierte Öl in einem gut verschließbaren Glas aufbewahren.

29K-8465

ADRESSEN

BÁNH CUỐN 1

Nr. 48 Dao Duy Tu
Old Quarter
(gegenüber dem Café mit dem Lipton-Schild)
Geöffnet von 11.00 bis 14.00 Uhr

BÁNH MỲ 2

Nguyen Sinh
Nr. 17–19 Ly Quoc Su
Nha Tho Area
Geöffnet von 10.00 bis 20.00 Uhr

BÁNH RÁN/BÁNH GOI 3

Quan Goc Da
Nr. 52 Ly Quoc Su
Nha Tho Area
Geöffnet von 10.00 bis 18.00 Uhr

BÁNH XÈO 4

Nr. 22 Hang Bo
Old Quarter
(achten Sie auf das Lokal mit den vielen Pfannen und Holzkohlengrills)
Geöffnet von 14.00 bis 19.00 Uhr

BÒ XỐT VANG 5

Nr. 252 Hang Bong
Geöffnet von 10.00 bis 20.00 Uhr

BÚN BÒ HUẾ 6

Nr. 3 Quan Trung
Neben dem Büro von Vietnam Airlines
Geöffnet von 17.00 bis 20.00 Uhr

BÚN BÒ NAM BỘ 7

Nha Hang Bach-Phuong
Nr 67 Hang Dieu
Old Quarter
(schräg gegenüber dem Markt Dong Ha)
Geöffnet von 11.00 bis 16.00 Uhr

BÚN CHẢ (8)

Nr. 1 Hang Manh
Old Quarter
(vorne grillt und frittiert das Küchenteam; ausgestattet mit vier Etagen und einer lebensgefährlichen Drehtür)
Geöffnet von 11.00 bis 16.00 Uhr

BÚN THANG, NỘM LƯƠN, CHÁO GÀ, BÁNH TÔM UND MEHR… (9)

Quan An Ngon
Nr. 18 Phan Boi Chau
Geöffnet von 11.00 bis 20.00 Uhr

CHÁO TRAI (10)

Quan Chao Trai
Nr. 26 Tran Xuan Soan
Geöffnet von 8.00 bis 18.00 Uhr

KEM CARAMEL (11)

Michi Pudding
Nr. 2 Nguyen Truong To
Geöffnet von 11.00 bis 22.00 Uhr

NGAO HẤP (12)

Hai San Gia Dìih
Nr. 96A Tran Vu
Truc Bach
Geöffnet von 18.00 bis 22.00 Uhr

NỘM THỊT BÒ KHÔ (13)

Nr. 107 Ma May
Old Quarter
(Gasse zum See Hoa Kiem; halten Sie Ausschau nach den Scheren, die benutzt werden, um das Fleisch in Streifen zu schneiden)
Geöffnet von 16.00 bis 20.00 Uhr

ỐC LUỘC 14

Nr. 1A Dinh Liet
Old Quarter
Entweder Sie essen in gebückter Haltung in diesem winzigen Restaurant oder Sie bitten um einen Hocker und machen es sich auf dem Gehweg auf der anderen Seite der belebten Straße bequem.
Geöffnet von 15.00 bis 19.00 Uhr

PHỞ BÒ 15

Pho Bo Gia Truyen
Nr. 49 Bat Dan Street
Old Quarter
(achten Sie auf die großen Metall-Kochtöpfe mit Brühe, die ausgestellt sind)
Geöffnet von 11.00 bis 14.00 Uhr und von 17.00 bis 20.00 Uhr

PHỞ CHIÊN PHỒNG BÒ XÀO 16

Nr. 31 Ngu Xa
Truc Bach
Geöffnet von 18.00 bis 22.00 Uhr

PHỞ CUỐN 17

Pho Cuon Hung Ben
Nr. 26 Nguyen Khac Hieu
Truc Bach
Geöffnet von 16.00 bis 20.00 Uhr

PHỞ GÀ 18

Pho Tue Tinh
Nr. 71 Tue Tinh
Geöffnet von 11.00 bis 19.00 Uhr

XÔI XÉO GÀ 19

Xoi Yen
Nr. 35B Nguyen Huu Huan
Old Quarter
Geöffnet von 11.00 bis 21.00 Uhr

Straßen mit Garküchen

CAM CHI 1

(Gasse mit Garküchen), Hang Bong

(Seitenstraße am Ende der Hang Bong)

Geöffnet von 10.00 bis 14.00 Uhr und von 17.00 bis 21.00 Uhr

DONG XUAN 2

Ngo Dong Xuan

(Gasse am Seitenrand des Marktes; frühmorgens ist hier am meisten los)

Geöffnet von 07.00 bis 18.00 Uhr,

PHỐ GÀ NƯỚNG 3

(Grillhähnchen-Straße), Ly Van Phuc

(Seitenstraße der Nguyen Thai Hoc)

Geöffnet von 18.00 bis 23.00 Uhr

Restaurants

ANH THUYET 1

Nr. 25 Ma May, Old Quarter

Geöffnet von 18.00 bis 21.00 Uhr

CHẢ CÁ LÃ VỌNG

Nr. 107 Nguyen Truong To, Truc Bach 2

Geöffnet von 11.00 bis 22.00 Uhr

Nr. 14 Pho Cha Ca, Old Quarter 3

Geöffnet von 18.00 bis 22.00 Uhr

LA VERTICALE 4

Nr.19 Ngo Van So

Geöffnet von 11.00 bis 14.00 Uhr und von 18.00 bis 21.30 Uhr, sonntags geschlossen

MADAME HIÊN 5

Nr. 15 Chan Cam, Nha Tho Area

Geöffnet von 10.30 bis 23.00 Uhr

SPRACHE

Die vietnamesische Sprache ist eine Tonsprache, das heißt die Worte bekommen ihre Bedeutung durch die Tonhöhe, in welcher der Begriff ausgesprochen wird. Sie wird von etwa 100 Millionen Menschen gesprochen.

Auch wenn das Vietnamesische viele Lehnwörter aus dem Chinesischen kennt und ursprünglich mit chinesischen Zeichen geschrieben wurde, wird heute doch die lateinische Schrift verwendet. Durch die französische Kolonialzeit sind viele Wörter aus diesem Sprachkontext hinzugekommen: *Bơ* kommt von *beurre* (Butter), *Cà Phê* von *café* (Kaffee). Es fällt uns also leicht, Aufschriften zu erkennen. Vietnamesisch zu sprechen ist hingegen nicht ganz so einfach.

Die Menschen im Süden sprechen einen anderen Dialekt als die Bewohner des Nordens. So wird etwa das traditionelle Gewand der Frauen im Süden mit einem d-Laut ausgesprochen, während im Norden fast ein z-Laut daraus wird. Die Aussprache des Nordens gilt gemeinhin als Standardsprache.
Für bestimmte Dinge existieren zudem in Süd- und Nordvietnam unterschiedliche Wörter: Im Süden ist *Thit Heo* Schweinefleisch, während es im Norden *Thit Lợn* genannt wird.

Jüngere Leute werden mit *Em* angeredet, jemand, der schon etwas älter ist und daher auch Respekt verdient, wird mit *Anh* angeredet.

DEUTSCH	VIETNAMESISCH	PHONETISCH
Hallo!	chào	[tschau]
Ja/Nein	Vâng / Không	[wahng / chong]
Ich heiße...	Tên tôi là ...	[tenn teula]
Bitte	Xin	[sin]
Danke!	Cảm ơn	[gahm öhn]
Gern geschehen	Không có gì	[chong]
Entschuldigung	Xin lỗi	[sin leu]
Was ist das?	Cái này là cái gì	[kai nai la kai ji]
Wie viel macht das?	Bao nhiêu	[bau nju]
Ich möchte ...	Tôi muốn	[teu muen]
Wo ist ...?	Ở đâu	[öh dau]
Gehen	Đi	[di]
Essen	Ăn	[ann]
Gekocht	Luộc	[lu-ögk]
Gebraten	Chiên	[tschi-en]
Gegrillt	Thịt Nướng	[thid niöng]
Gedämpft	Hấp	[hepp]
Pfannengerührt	Xào	[sao]
Frittiert	Chiên giòn	[tschi-en son]
Gedünstet	Hầm	[hemm]
Wasser	Nước	[niök]
Tee	Trà	[tscha]
Kaffee	Cà phê	[kafee]
Bier	Bia	[bih-a]
Rindfleisch	Thit bò	[ti(d)bo]
Huhn	Thit gà	[ti(d)ga]
Schwein	Thịt lợn	[ti(d)lön]
Fisch	Cá	[gah]
Garnele	Tôm	[domm]
Krebs	Cua	[gwo]
Venusmuscheln	Ngao	[ngao]
Ei	Trứng	[tsching]
Tofu	Đậu phụ	[däufu]

REGISTER

● Nudeln ● Mehlspeisen, Brot und (fast) alles aus Teig ● Salate, Röllchen und Päckchen
● Reis ● Fische und Meeresfrüchte ● Süße Genüsse ● Dips, Saucen und Öle

HINWEISE

In Vietnam werden üblicherweise die Gerichte miteinander geteilt und es stehen immer mehrere unterschiedliche davon auf dem Tisch. Dennoch sind die Rezepte in diesem Buch – sofern nicht anders angegeben – für 4 Portionen berechnet. Das für die Zubereitung verwendete Öl muss gut erhitzbar sein. Am besten sind Erdnuss-, Soja- oder Palmöl geeignet.

Alle Löffelangaben in den Zutaten (EL = Esslöffel, TL = Teelöffel) beziehen sich auf das gestrichene Maß.

Der Backofen sollte immer auf die angegebene Temperatur vorgeheizt werden. Die Temperaturen beziehen sich auf übliche Elektro-Backöfen. Wenn Sie Umluft- oder Gasbacköfen nutzen, sind die Herstellerangaben der Geräte zu beachten.

ABKÜRZUNGEN

mg = Milligramm = 1/1000 Gramm • **g** = Gramm • **kg** = Kilogramm

EL = Esslöffel • **TL** = Teelöffel

ml = Milliliter = 1/1000 Liter • **l** = Liter

cm = Zentimeter • **Ø** = Durchmesser

NHƯ Ý CÁT TƯỜNG
31
THỨ NĂM
THURSD
星 期
THÁNG HAI (T)
NĂM TÂN MÃO
THÁNG TÂN MÃO
NGÀY ẤT DẬU
GIỜ BÍNH TÝ
27
辛卯年二月
辛卯月
廿七
乙酉日丙子
初二惊蛰十七
14
THỨ 2 - MON
28
THỨ 3 - TUE
29
THỨ 4 - WED
30
THỨ 5 - THU
31
1
2

IMPRESSUM

Die Originalausgabe erschien in Belgien unter dem Titel „Hanoi street food – koken & reizen in Vietnam“, © 2011, Uitgeverij Lannoo nv. www.lannoo.com

Text und Rezepte: Tom Vandenberghe
Fotos: Luk Thys
Layout: Natasja Billiau

4 3 2 1 | 2014 2013 2012 2011

www.haedecke-verlag.de

Übersetzt aus dem Niederländischen von Birgit van der Avoort

Lektorat der deutschen Ausgabe: Monika Graff
Satz der deutschen Ausgabe: Julia Graff, Design & Produktion, Stuttgart (nach der gestalterischen Vorlage von Natasja Billiau)

Gesetzt unter der Verwendung der Altemus, Archer, Cheap Pine, Minion & Zar Script

ISBN 978-3-7750-0620-0

Printed in EU 2011

In derselben Reihe bereits erschienen:
Thai Street Food • Kulinarische Reiseskizzen aus Bangkok und Thailand
208 Seiten, ISBN 978-3-7750-0547-0